CATALOGUE

DU CABINET DE FEU M.

J. FEUCHÈRE, STATUAIRE,

PRÉCÉDÉ D'UNE

NOTICE PAR J. JANIN.

EXPOSITION PUBLIQUE

LE LUNDI 7 MARS 1853, DE MIDI A 4 HEURES.

Les Médailles, pour lesquelles il a été fait un Catalogue spécial, seront vendues le jeudi 10 mars.

LES CATALOGUES SE DISTRIBUENT CHEZ

M. RIDEL, commissaire-priseur, 335, rue Saint-Honoré;

M. LANEUVILLE, expert pour les tableaux, 73, rue Neuve-des-Mathurins;

M. RAULIN, expert pour les médailles, 12, rue Vivienne;

M. FROMENT-MEURICE, orfévre, 52, faubourg Saint-Honoré;

M. WITTOZ, fabricant de bronzes, 10, rue des Filles-du-Calvaire.

CATALOGUE

DU CABINET DE FEU M.

J. FEUCHÈRE, STATUAIRE,

PRÉCÉDÉ D'UNE

NOTICE PAR J. JANIN.

PARIS. — TYPOGRAPHIE PLON FRÈRES, IMPRIMEURS DE L'EMPEREUR,
Rue de Vaugirard, 36.

CATALOGUE

D'OBJETS

D'ART ET DE CURIOSITE

MEUBLES EN BOIS SCULPTÉ, BRONZES, MARBRES,

PORCELAINES ANCIENNES, LIVRES D'ART, MÉDAILLES, VITRAUX,

TABLEAUX ET DESSINS ANCIENS

des écoles italienne, française et flamande,

ET D'UNE IMPORTANTE RÉUNION DE

DESSINS, TERRES CUITES ET MODÈLES

DE

M. FEUCHÈRE,

dont la vente aux enchères publiques aura lieu par suite du décès de M. Feuchère,

HOTEL DES VENTES MOBILIÈRES

(SALLE N° 2),

Rue des Jeûneurs, n° 42,

les mardi 8, mercredi 9 et jeudi 10 mars 1853, à midi.

PAR LE MINISTÈRE DE M. RIDEL, COMMISSAIRE-PRISEUR,

335, rue Saint-Honoré.

EXPOSITION PUBLIQUE

LE LUNDI 7 MARS 1853, DE MIDI A 4 HEURES.

Les Médailles, pour lesquelles il a été fait un Catalogue spécial, seront vendues le jeudi 10 mars.

LES CATALOGUES SE DISTRIBUENT CHEZ

M. RIDEL, commissaire-priseur, 335, rue Saint-Honoré ;

M. LANEUVILLE, expert pour les tableaux, 73, rue Neuve-des-Mathurins ;

M. RAULIN, expert pour les médailles, 12, rue Vivienne ;

M. FROMENT-MEURICE, oriévre, 52, faubourg Saint-Honoré ;

M. WITTOZ, fabricant de bronzes, 10, rue des Filles-du-Calvaire.

CONDITIONS DE LA VENTE.

Elle sera faite au comptant.

Les acquéreurs payeront, en sus des adjudications, 5 centimes par franc applicables aux frais.

Les livres d'art et albums, et la collection de médailles, seront vendus à la troisième vacation.

JEAN FEUCHÈRE.

Nous ne sommes pas très-vieux, Dieu merci ! car la vie est encore une chose intéressante et nouvelle pour nous tous, enfants des premières années de ce siècle, réservé à tant d'événements qui sont dignes au moins qu'on les voie. Et pourtant, lorsque, en certains moments de tristesse et d'abandon, nous venons à nous souvenir des artistes, et des très-grands artistes de notre âge qui sont morts, emportant dans leur tombe, ouverte avant l'heure, le secret de leur renommée et les espérances de leur génie, il nous semble que nous voilà courbés par l'âge, et que ce siècle était moins jeune, quand nous sommes venus en ce bas monde.

Hélas ! c'est la loi universelle ! Il n'y a pas d'abri contre l'orage et contre la mort, pour ces êtres à part que le bon Dieu semble mettre au monde afin d'agrandir et d'augmenter les grâces de la vie ; ils disparaissent comme ils sont venus, par hasard, et plus à plaindre que les hommes vulgaires, ils disparaissent avant l'accomplissement de leur tâche, misérablement interrompue par la mort. Quand nous entrions dans cette carrière aventureuse où se rencontrent, pêle-mêle ardent et plein de périls, tous les artistes et tous les beaux-arts, dans tous les genres de poésie et d'invention, le poëte à côté du peintre, et le philosophe non loin du sculpteur, pendant que le musicien s'en va, bras dessus bras dessous, entre le romancier et l'historien, nous les avons vus à l'œuvre, ces pâles enfants de la chose sculptée, chantée, dessinée ou gravée, et maintenant que c'est triste, cette recherche à faire entre tous ces morts, à quel point cette liste vivante est-elle

devenue une nécrologie? Hélas! qui donc oserait renouer la chaîne
funèbre qui sépare M. Gros ou M. Gérard de Jean Feuchère, dont
le musée est mis en vente aujourd'hui, et sera dispersé demain?

De ces hommes choisis, morts à la peine, le nombre en est
grand déjà! Le premier dont il nous souvienne avait nom Aimé
Chenavard; il était l'ami d'Henriquel Dupont; il était un des plus
habiles et des plus ingénieux dessinateurs de ce temps-là! Avant
qu'il eût trente ans, la fièvre l'a pris, et elle l'a tué sans lui donner le temps d'achever l'œuvre commencée! Un de ses camarades
nommé Poterlet, un peintre ingénieux, l'a suivi dans la tombe; il
était, celui-là aussi, en pleine jeunesse, en plein exercice de son
art, qu'il aimait avec passion. Il donnait de grandes espérances,
ce Poterlet; il était l'élève et l'ami de Charlet; il a précédé Charlet, mort à son tour au moment où il entreprenait le portrait aux
mille images de la Grande Armée! Un autre homme de la même
armée et de la même famille, Clément Boulanger, s'en est allé,
un beau jour, rechercher dans les sables de l'Orient les ruines du
palais des Sésostris, et comme il était à reproduire, en un vif
dessin, les images errantes sur ces murailles, plus vieilles que
l'*Iliade,* il a ressenti le frisson mortel qu'exhalent ces solitudes funèbres, et il est mort sur son travail interrompu. Delaberge, un enfant, le digne et ingénieux prédécesseur de Meissonnier, un pinceau d'une finesse extrême, qui faisait un chef-d'œuvre sur l'espace
d'une carte à jouer, Delaberge est mort comme il a vécu, sans
peine, sans plainte et sans bruit : il s'est éteint, semblable à un
oiseau qui ne chante plus! Grâces, inclinez-vous devant Win-
terhalter expiré! Plus heureux encore que Marilhat, un oriental à
la façon de Decamps et de M. Victor Hugo lui-même, un maître
aujourd'hui classé au premier rang des maîtres! Il a senti s'obscur-
cir sa raison, et vivant encore, il est tombé dans une nuit pro-
fonde, plus triste, ô ciel! et plus impitoyable que la nuit éternelle!

Hélas! vous rappelez-vous un élève, un ami de Pradier, Cha-
ponnière, un beau jeune homme, l'inventeur de la *statuette,*
qu'il a mise à la mode, et qui de cette frêle argile passait si facilement et si volontiers aux grandes compositions de l'Arc de triomphe de l'Étoile? — Il est impossible de ne pas se rappeler Cha-

ponnière quand, par un beau jour d'été, vous voyez sur la pierre géante s'agiter les batailles, obéissantes à son ciseau vainqueur.... Il n'avait pas vingt-cinq ans lorsqu'il est mort, pleuré de son maître, dont il a fait l'image, Pradier, un des grands artistes de ce siècle, tombant, à son tour, sur les bords de la Seine heureuse, un jour d'été, comme il était à contempler, sur les rives de l'île de Croissy, la lumière penchante du soleil à l'occident.

Un artiste de la même famille, Cavelier, le propre frère de cette grande Pénélope endormie et rêveuse qui fut un des étonnements de 1848, est aussi au nombre des morts! Vous rappelez-vous aussi Thil-Beaugards, qui est mort fou d'amour? Il a laissé tant d'amis qui se souviennent encore de ses mérites! Vous rappelez-vous le grand orfèvre Wagner, qui fut le maître absolu de Froment-Meurice, un disciple qui a fini par remplacer son maître? Il avait beaucoup travaillé, ce digne Wagner, et comme enfin l'heure du repos avait sonné pour lui, il s'était retiré, riche, honoré, aimé de tous, dans un beau domaine qu'il venait d'acheter! Le jour même, et c'était le premier jour, où il mettait le pied sur sa terre en se disant, l'imprévoyant! « La terre que je foule est à moi! » il fut frappé d'un coup de feu à la chasse, et il mourut sans avoir pu toucher les limites de ce doux royaume conquis par son travail. — « *En mea regna videns !* »

Et si j'osais vous placer ici, sur cette liste de grands artistes morts avant l'heure, illustre princesse, ô vous qui fûtes la digne sœur de ces infortunés, vous la mère et la vengeresse de Jeanne d'Arc, ressuscitée par vos soins (le plus cruel démenti que Voltaire ait reçu depuis sa mort!), avec quelle ardeur je rappellerais votre cher et précieux souvenir! avec quel orgueil je placerais votre image adorée au premier rang de cette liste illustre! Hélas! et vous aussi, vous avez eu le malheur et le génie en partage, et vous aussi, vous avez disparu brusquement de ce monde où vous étiez la bienvenue!

O consolation d'un père admirable! orgueil d'une sainte qui fut votre mère! intelligence, beauté, grâce et bonté, vous aviez un de ces titres rares que les révolutions n'emportent pas avec elles, vous étiez un grand artiste, et les artistes morts et les poëtes vivants vous appellent leur sœur, et vous serez une reine pour les artistes à venir!

Nous nous rappelons aussi, dans les nuits d'hiver, quand la musique de Rossini resplendissait de ses limpides et intelligentes clartés, avoir entendu une ombre, un fantôme appelé la Malibran, qui chantait le rôle de Desdémone et tenait en main une lyre d'or! Nous nous rappelons aussi les *Moissonneurs* de Léopold Robert, semblables à une révélation, quand la foule ardente se pressait, ivre de joie, au spectacle de l'Italie illustrée naguère par les plaintes de Silvio Pellico et les récits de Manzoni. Les *Moissonneurs* de Léopold Robert, c'était là l'Italie et ses triomphes! Les *Pêcheurs* de Léopold Robert, hélas! c'était l'Italie et ses souffrances! Infortuné! il est mort comme était mort M. Gros, ce terrible exemple de la mort volontaire : exemple donné par Sautelet et défendu, avec quelle éloquence, vous le savez! par Armand Carrel! (mettez ce jeune homme sur notre liste funèbre et le placez au premier rang!) Qui donc l'a suivi plus tard? Ce nom-là vient tout de suite à votre mémoire attristée... Antonin Moine!

Il était mon compatriote et mon ami. Nous étions nés au bruit des marteaux, au son des enclumes, au bord de ces ruisseaux qui travaillent comme des esclaves, sous un ciel attristé par la fumée errant à travers des nuages sans fin! Il rêvait déjà qu'il était un grand artiste au moment où je cherchais à peine une voie incertaine à travers les diverses écoles du style français; il appelait à son aide et la toile et le marbre, et le crayon et l'ébauchoir, au moment où j'osais à peine tailler une plume impuissante, et nos deux mères, également tremblantes pour leur fils exilé, s'encourageaient l'une l'autre en se racontant tout bas les quelques biographies des artistes heureux! Antonin Moine! il avait tous les genres de mérite, moins la patience et l'espérance. O l'infortuné! le marbre et le pastel n'avaient pas de secrets pour lui; il commandait au bronze obéissant; les plus beaux visages des belles Parisiennes s'offraient à lui, demandant à son crayon le frais coloris de cette précieuse poussière qu'un souffle emporte et qui pourtant est plus durable cent fois que notre jeunesse.

Encore un instant, il était riche, il était célèbre, il touchait au but... O misère ! l'ennui l'a pris, la fatigue est venue avec l'ennui ; il a cessé d'aimer l'art qui le faisait vivre, il a tout oublié, même la jeune femme qui l'aimait tant, même son fils, qui donnait déjà toutes les espérances qu'il a réalisées, et il est mort comme est mort Léopold Robert ! Tant c'est un grand crime de donner aux survivants de pareils exemples ! M. Gros donne l'exemple à Léopold Robert, Léopold Robert indique le chemin à Antonin Moine. Ils ne savent donc pas, ces impatients, qu'ils sont solidaires celui-ci de celui-là ? Pour n'avoir pas résisté à l'entraînement de son désespoir, Nourrit s'est tué en pleine vie, en plein talent, comme il venait d'assister aux grands triomphes de ce grand Meyerbeer ! ou plutôt Nourrit est mort de l'ingratitude de Paris, comme si Paris n'avait pas des retours soudains d'enthousiasme et de tendresse ! Il brise aujourd'hui avec rage ce qu'il adorait hier avec amour ! Il s'emporte, il s'apaise ; il siffle, il admire ; il traite ses grands artistes comme il a traité ses plus grands rois ; puis, quand ils sont morts, il les pleure, il se désole, il porte leur deuil, il se couvre de sa propre douleur, et il ne sait rien de trop grand, de trop beau pour contenir leurs dépouilles mortelles, qu'il s'en va chercher au milieu de l'Océan !

Que vois-je encore au fond de ce nuage mêlé d'auréole ? Hélas ! ce sont les deux frères Alfred et Tony Johannot, les amis, les compagnons, les serviteurs fidèles, les protecteurs dévoués de nos gloires d'un instant, de nos poëmes d'une heure et de nos romans d'un jour ! Ils marchaient, si bien appuyés l'un sur l'autre, à travers le bruit, le mouvement, la mêlée et l'éclat de la bataille lettrée ! Ils comprenaient avec une ardeur si fidèle le mouvement, le geste, la parole et l'accent des œuvres qui leur devront plus tard tout leur lustre ! Ils copiaient avec tant de grâce et d'esprit cette légère et changeante histoire, cette histoire à la Walter Scott confiée à leur palette jumelle ! Ils ont rempli de leurs œuvres nos bibliothèques, et ce petit musée intérieur que chaque homme intelligent amasse autour de soi, selon son humble fortune, afin d'avoir, en quelque endroit de sa maison, un petit coin éclairé où puisse s'arrêter son regard doucement réjoui et reposé.

Tony Johannot, jusqu'à ce jour, avait clos cette liste, ouverte trop tôt, des funérailles prématurées; aujourd'hui, voici qu'à cette liste, où tant de grands noms sont oubliés, il faut ajouter le nom d'un sculpteur excellent, d'un artiste complet, de Jean Feuchère, qui fut un homme à la taille de tous ceux que nous avons nommés ici.

Jean Feuchère était né à Paris, en 1807, d'un père qui était un habile ciseleur. Comme tous les enfants de cet âge, il eut la chance heureuse de n'être qu'un enfant, au moment où s'accomplissaient les grandes batailles, et de grandir à la douce et pacifique lumière des libertés nouvelles. Toutefois la première jeunesse de Jean Feuchère fut une jeunesse active et laborieuse. Enfant du peuple, il a gagné sa vie, et de très-bonne heure, essayant de deviner, une à une, les leçons que donnent les maîtres. Les leçons étaient rares, les maîtres étaient peu nombreux. M. Blondel et M. Ramey régnaient en ce temps-là, sur toute la ligne des beaux-arts; il fallait vivre, il fallait comprendre, il fallait deviner. Heureusement que cette jeune pensée était active, intelligente et pleine d'audace. Ainsi Jean Feuchère, à parler vrai, n'a pas eu d'autre maître que lui-même, avec un peu de cette facile expérience qui fait de chacun des jours de notre vie un utile enseignement, quand on veut se rendre compte du travail de chaque jour.

Évidemment ce jeune homme avait apporté en ce monde le goût, la passion et l'amour des belles choses. Il les sentait, il les devinait, il les aimait; il a su, de bonne heure, où trouver l'exemple, le modèle et les leçons dont il avait besoin; il était déjà un collectionneur, un rêveur, un fantaisiste à vingt-cinq ans! Et non-seulement il voulait tout voir, tout savoir et tout avoir, il voulait aussi tenter toutes choses; il essayait, et l'essai révélait toujours le jugement droit, la main exercée et l'esprit éveillé. Aussi de bonne heure, outre la lime, son gagne-pain, il savait tenir le pinceau du peintre et le crayon du dessinateur; il savait émailler; il savait reconnaître, à des signes certains, les différentes époques des beaux-arts : il était Grec, Romain, Byzantin; il savait sur le bout de ses doigts le flamboyant quatorzième siècle et toute la Renaissance, et si bien la Renaissance qu'il se mit un jour à exécuter de grands boucliers à la taille des héros d'Homère, et comme on n'en voit guère que dans les Mémoires de Benvenuto Cellini, l'artiste florentin.

L'histoire de ces boucliers de la Renaissance, exécutés par Jean Feuchère en grande cachette, est tout à fait digne de l'histoire de Michel-Ange, qui enfouit le *Faune,* et qui fait si bien que Rome entière crie au miracle, pensant avoir reconquis une des merveilles de l'art antique! Devant ces merveilleuses supercheries, il n'y a qu'à s'incliner en admirant!

Dans la vente des dessins de Jean Feuchère, on reverra les dessins originaux de ces boucliers de la Renaissance, exécutés au repoussé par Vechte, d'une ciselure et d'une exécution accomplies, à ce point que la méprise fut universelle! Les plus habiles et les plus savants amateurs de Paris et de l'Allemagne, poussés par leur instinct, reconnurent, dans l'exécution de ces batailles, la main vaillante d'un grand artiste, et, comme ils tenaient à honorer le chef-d'œuvre inconnu, ils le signèrent, dans leur pensée et dans leur estime, des noms les plus célèbres dans la plus grande époque des beaux-arts; ce fut ainsi que l'on attribua ces boucliers au Florentin, qui fut l'artiste favori de François Ier et de Côme de Médicis. Protégée par cette admiration rétrospective, l'œuvre anonyme de Feuchère obtint, dans les ventes les plus difficiles, un succès énorme, et jamais les *Centaures,* jamais les *Lapithes,* jamais les Amazones de toutes les histoires que le poëme raconte, n'occupèrent à un degré pareil de curiosité et d'admiration, la race exigeante et difficile des curieux de belles choses. Que de dissertations, que de descriptions, que de reproches, à propos de cet essai d'un sculpteur inconnu!

Lui cependant, Jean Feuchère, il abandonnait volontiers cette part de la Grèce aux Cellini du seizième siècle, en poursuivant son œuvre commencée : il copiait, il étudiait les maîtres dans l'intervalle où son talent n'était pas occupé par les amateurs des choses nouvelles, vivement conçues et nettement dessinées. Ces amateurs n'étaient rien moins que la manufacture de Sèvres, par exemple, le prince de Demidoff, M. le duc de Luynes (1), et plus d'un orfévre célèbre, et plus d'un fabricant de bronzes, jaloux d'en finir avec les vieux modèles de l'époque impériale, et peu disposés à adopter ce rococo rageur, et ce Louis XV exagéré qui dissimule habilement, dans la torture et dans l'exagération du contourné, l'art absent, et le goût indignement outragé. Ainsi même, sous le rapport *marchand*, le passage de Feuchère sera d'une grande influence sur la production, le goût, le génie et la popularité vigilante de cette portion des beaux-arts français qui s'attache aux outils de notre luxe intérieur, par exemple une pendule, un candélabre, un lustre, et tout ce qui tient à l'art vulgaire, à l'ornement bourgeois, à l'ustensile, en un mot! Car, si au même prix, je peux avoir une chose à la fois élégante, utile et jolie, il me semble que je dois quelque reconnaissance à l'artiste ingénieux qui aura su donner une forme honnête à tant de machines grossières que mon voisin, le nouvellement enrichi, va entasser, sans choix et sans grâce, dans sa maison livrée aux barbares. Il a beaucoup fait pour tous les honnêtes gens amoureux des belles choses, et trop peu riches pour les payer, ce Jean Feuchère! Il a produit de belles choses à l'usage de tout le monde. Il n'a pas été l'artiste des *cires perdues*, ce luxe royal des honnêtes gens qui poussent le goût à l'extrême; au contraire, il a vulgarisé, tant qu'il l'a pu faire, ses plus charmants modèles. C'est bien triste un exemplaire *unique*, au moins pour ceux qui ne l'ont pas!

Avez-vous remarqué si, par hasard, avant d'être un éloquent secrétaire d'État, un honnête écrivain a touché aux choses des beaux-arts, s'il en a bien parlé quand il n'était qu'un écrivain? Il arrive que le même homme, passé ministre de l'intérieur, se souvient de ses gracieuses avances à la musique, à la sculpture, à la peinture, à la poésie, à tous les arts, que soudain il les pro-

---

(1) A la grande exposition de Londres, le groupe de Froment-Meurice, les *Titans*, appartenant à M. le duc de Luynes, exécuté au repoussé, sur les dessins et d'après les sculptures de Jean Feuchère, ont attiré et excité l'attention unanime. « C'est la pièce essentielle de l'exposition universelle! » disait le Jury de Londres. Les *Titans* de Feuchère ont eu en effet tous les honneurs de cette grande solennité.

tége à la façon d'un grand seigneur, après les avoir proclamés, glorifiés et défendus à la façon d'un grand critique! On a vu cela plusieurs fois de nos jours; par exemple lorsque M. Guizot, M. Villemain, M. de Salvandy, M. Thiers, prirent en main les affaires de l'État, il fut facile de reconnaître, à leurs attentions et à leurs respects pour les arts, qu'ils leur avaient déjà rendu un culte public par leurs louanges, par leurs exemples et par leurs conseils. M. Thiers, ministre de l'intérieur, se rappela tout de suite tant d'habiles artistes dont il avait encouragé le début, la plume à la main, et les artistes trouvèrent, toute grande ouverte, la porte du ministre au moment où le roi de la révolution de juillet se mit à finir (homme sage et prévoyant, il aimait mieux finir une œuvre que d'en commencer une nouvelle) les monuments entrepris avant lui. Feuchère fut un des nombreux artistes encouragés par M. Thiers, qui lui confia des travaux importants, entre autres le bas-relief de l'arc de triomphe de l'Étoile représentant le *Passage du pont d'Arcole.* Au même instant, il tentait, à ses frais, la *Jeanne d'Arc sur le bûcher,* une statue qui est à Rouen, et qui domine la place même où fut ensevelie dans l'injuste et coupable bûcher l'héroïque *Pucelle.*

On a beaucoup loué cette statue de Jeanne d'Arc, même après le chef-d'œuvre de la princesse Marie! On a loué, de ce même Feuchère, le fronton de l'église du Saint-Sacrement, représentant les *Vertus théologales.* — Du fronton sculpté, Feuchère passait facilement et volontiers à la fresque. Ainsi, dans l'église Saint-Paul de la rue Saint-Antoine, il a peint à fresque quatre grandes figures colossales : *Philippe-Auguste, Saint Louis, Charlemagne,* le roi *Louis XII.* Au même instant, il tirait de son cerveau reconnaissant l'adorable statuette du Florentin *Benvenuto Cellini,* une œuvre reproduite en plâtre et en bronze, qui est devenue l'ornement obligé des plus beaux salons de Paris! Vous avez vu aussi, du même artiste et de la même main qui traçait naguère des figures de dix-huit pieds, l'adorable portrait du jeune et bel enfant que madame la duchesse de Sutherland, une des plus belles et des plus grandes dames d'Angleterre, amenait à Paris, il y a quinze ans, comme si elle eût voulu donner, en nous montrant ce petit duc de

Strafford, un digne pendant au petit *Lambton,* du grand peintre sir Thomas Lawrence.

Il n'y avait rien que notre artiste n'entreprît d'un grand courage, pour peu qu'il fût pressé par la nécessité de réussir, et, comme cette nécessité s'est présentée toute sa vie, heureusement pour sa gloire et malheureusement pour sa fortune, on peut dire qu'il a réussi en toutes choses. Son *Raphaël assis* est une chose charmante; sa belle statue de la *Renaissance* (hommage du disciple à la souveraine de ses pensées) est un des ornements exquis de la maison de madame de Rothschild, maison riche en chefs-d'œuvre, où brille, de ses beautés éternelles, ce portrait en robe rose qui sera compté parmi les chefs-d'œuvre de M. Ingres! Et dirait-on que cette exquise *Renaissance* est la sœur de la *Sainte Thérèse* que l'on voit à l'église de la Madeleine?... et dirait-on que ce cheval, destiné à l'ornement du pont d'Iéna, par tout semblable au cheval de Job qui frappe du pied la terre en disant : *Allons !* appartient au maître habile à qui le Prince Royal avait commandé ces quatre groupes, d'un fini merveilleux, et qui se sont vendus récemment plus cher que les œuvres de Pradier lui-même? Ce même Jean Feuchère, aux funérailles de l'Empereur, qu'un fils du roi ramenait en triomphe de l'autre bout de l'Océan, avait dessiné, à la Michel-Ange, les douze *Victoires* qui portaient le cercueil héroïque au sommet du char triomphal? C'était une merveille, ces douze Victoires; on en voit le dessin parmi les images de son œuvre, que Feuchère a laissées.

De ce qu'il a fait, cet homme arraché si jeune encore à ces travaux incomplets, on composerait tout un livret de musée! Autant il était sérieux et solennel dans les grandes entreprises, autant il était leste, vif et facile en compositions légères. Qui nous dira le nombre des portraits qu'il a laissés? qui nous dira le titre de ses statuettes : la *Léda,* l'*Amazone,* le *Satan,* l'excellent portrait de Provost qui est à la Comédie-Française, le portrait de Mélingue, un sculpteur lui aussi, et le portrait de sa femme dans tout l'éclat de sa beauté! Il avait, comme tous les artistes sincères, ses heures d'improvisation; il était de ceux-là qui disent à leur œuvre : « Vous irez sans moi dans la ville ! Et bon voyage, j'espère au moins ne plus vous voir. » · Ainsi congédiés, sans trop de façon, il arrive souvent que ces enfants d'un père prodigue font un plus grand chemin que leur père ne pensait.

S'il avait ses heures d'improvisation, il avait ses années de travail ! Je n'en veux pour preuve que cette admirable fontaine en l'honneur de Cuvier, une fontaine florentine où se rencontrent, en un cantique de pierres taillées, les fleurs les plus charmantes et les plantes les plus délicates de la création ! C'est un poëme harmonieux de la flore du printemps et de l'automne cette fontaine où se montre, en un relief admirable, la grande image de la Nature, chantée par Lucrèce, expliquée par Buffon et commentée par Cuvier. *Rerum cognoscere causas !* Feuchère disait que cette fontaine était son *Jardin des Plantes,* et son désir était si grand de se montrer digne d'entreprendre une pareille œuvre, qu'il étudia, au préalable, tout ce qui lui pouvait enseigner les mystères de l'histoire naturelle ! On le vit pendant toute une année, assister aux leçons des plus habiles professeurs, et pas un ne se douta de ce que venait faire, en ce lieu, cet homme au regard intelligent ? Il voulait apprendre les paroles du cantique dont il savait si bien le refrain. « *Numeros memini... si verba tenerem !* »

Mais enfin le voilà mort à quarante-quatre ans ! Si jeune encore, la main terrible de l'anéantissement s'est posée sur cette tête où le travail, l'inquiétude, la pauvreté et les passions avaient laissé leur cachet ineffaçable. Il est mort ! A travers cette tombe à peine fermée, on pourrait entendre les gémissements, les regrets et les inquiétudes du père de famille qui n'a pas eu le temps de songer à loisir à ceux qui restent après lui ! Il est mort, et comme il arrive d'ordinaire à ces enthousiastes de la forme, à ces fanatiques de la beauté idéale, à ces abandonnés de la bonne déesse de la Prudence, à peine s'il a laissé de quoi suffire à ses modestes funérailles ; car il a été obligé de s'enterrer à ses propres frais, et ses amis ont dû veiller à ses louanges funèbres : il n'appartenait à aucune académie, et l'on sait que les académies, d'ordinaire (voilà pourtant ce qu'elles ont d'utile et de favorable), se chargent de ce soin-là, un dernier hommage, un cercueil ! C'est toujours un grand embarras de moins, c'est toujours autant de gagné !

Heureusement encore que cet homme avait des passions, et entre autres passions, une curiosité ardente, une recherche incessante pour toutes les belles choses qui flattaient son talent et qui charmaient sa manie! Il a été toute sa vie à la recherche de trois choses dont une seule suffirait à ruiner un homme très-riche, à plus forte raison un pauvre diable qui vit aujourd'hui de son travail de demain! Il aimait les tableaux des anciens, les dessins des anciens, les marbres, les bois, les meubles, les terres cuites, les émaux; il aimait les médailles antiques, les médailles grecques, les médailles romaines; il ne lui manquait guère que d'aimer les livres; et s'il eût ajouté à tous ces goûts le goût des livres, il n'eût pas même gardé la paille sur laquelle il est mort!

Eh bien! les collections de Jean Feuchère, son unique et sa dernière fortune, recueillies et mises en ordre par les soins de ses amis, qui se sont constitués les exécuteurs testamentaires de ce grand artiste qui n'a pas fait de testament, M. le comte Léon de la Borde, le digne président de cette bonne œuvre, qui ne pouvait pas espérer un meilleur patronage, MM. Émile Wattier, Marin Lavigne, Raffet, Daumier, Dromont, Tourillon, Meyer de la manufacture de Sèvres, Provost de la Comédie française, Bressant, Solié, Soitou, le meilleur élève de Feuchère; MM. Vittoz, Armand Feuchère, Victor Paillard, au nom des fabricants de bronze, et Froment Meurice, au nom de tous les orfévres, qui n'avait pas de plus fidèle et de plus dévoué collaborateur, les uns et les autres, au nom de ce talent, de ce travail, de cette mort précoce et de cette renommée qui ne peut que grandir, font un appel sérieux à tous les amis des beaux-arts, et leur proposent de se partager les dépouilles de Jean Feuchère, ses ébauches, ses dessins (1), ses œuvres accomplies, son atelier, son cabinet, ses portefeuilles, ses collections! Le voilà en bloc, divisons-le, et que chacun de nous, plutôt selon son zèle que selon sa fortune, emporte un souvenir de cet esprit qui brillait par tant de qualités essentielles au milieu de ces nuages que la mort sait dissiper de son souffle tout-puissant.

Le seul catalogue de cette vente, disposé par les bons soins de

______

(1) Les portefeuilles de Feuchère ne contiennent pas moins de 400 dessins de ce maître.

MM. Émile Wattier (pour les objets d'art), et Marin Lavigne (pour les médailles), indique suffisamment un amateur d'un goût très-fin, très-vif et en même temps très-éclairé. On y verra les œuvres même de l'artiste et tout ce qui se rattache à un travail assidu de trente années. On y verra plusieurs gravures à l'eau forte, signées de son nom; des bronzes et des terres cuites en grand nombre, et d'un intérêt réel. Feuchère est tout entier dans ces indications, auxquelles il changeait, ajoutait et retranchait tant de choses. Parmi les tableaux, plusieurs portent le nom des plus grands peintres italiens ou hollandais, un LÉONARD DE VINCI, le plus beau Léonard qui se puisse rencontrer dans les musées en dehors de notre Louvre !

Dans les dessins, les anciens maîtres sont grandement représentés : les trois Carrache, Baccio Bandinelli, Corrége et Lesueur, Michel-Ange et le Parmésan, Raphaël et Prudhon, André del Sarte et Rubens! A côté des anciens, les modernes ont conquis leur place méritée ! On verra à cette vente : Charlet, Paul Delaroche, Gavarni, Géricault, Raffet, Meissonnier, et de charmants dessins de Jeanron, à qui le Musée du Louvre devra éternellement son ordre nouveau, sa gloire nouvelle ! Parmi les gravures, on en trouvera qui étaient introuvables : les *Supplices* de Breugel d'Enfer, les *Bohémiens* de Callot, une admirable épreuve du portrait de Bossuet, des portraits de Van Dyck, des eaux-fortes de Goya; l'œuvre de Prudhon, de Raphaël, de Rembrandt, de Watteau et de Boucher! OEuvres incomplètes, il les eût complétées, si le temps et la fortune, ou le temps seul, le lui eussent permis.

Il aimait à se retrouver dans ces beaux ouvrages; il les regardait souvent ! Il les plaçait honorablement dans ces meubles en vieux chêne qui seront vendus à part, avec ces fauteuils, avec ces pendules, ces flambeaux, ces poteries de la Chine et du Japon, ces plats de Bernard de Palissy, ces pâtes tendres de Sèvres, et ces pâtes dures, ces cristaux, ces marbres, ces fragments, ces bronzes, ces aciers, ces armes, ces laques, ces tabatières, ces poignards, ces croix, ces cadres, ces guipures, ces miroirs, ces costumes, ces vitraux, que vous dirai-je? Et ces médailles antiques auxquelles je ne me connais guère !

Feuchère s'y connaissait, il savait lire ces œuvres à demi effacées, il se reconnaissait dans ces marques, dans ces emblèmes, dans ces effigies, à travers ces Hercule, ces Minerve, ces Junon, ces Jupiter Nicéphore, ces Alexandre, ces Auguste, ces César, ces Bourbons. — O richesses ! ô tristesses amoncelées dans cet atelier vide et dans cette maison dévastée ! Un étranger va venir, qui choisira, pour son argent, la chose qui lui convient le mieux parmi toutes ces belles choses aimées de ce galant homme : un étranger emportera dans sa maison un fragment de cette vie où le travail a laissé sa trace ardente !... En moins de trois jours sera dissipée, aux quatre vents du ciel, cette imprévoyante fortune où brillait l'artiste aux dépens du père de famille.

Imprudents que nous sommes, les uns et les autres, nous entassons une fortune inutile au fond de nos musées intérieurs, avant de songer à nous amasser un morceau de pain pour nos vieux jours !

Jules JANIN.

Février 1853.

CATALOGUE

DE

TABLEAUX ANCIENS,

DESSINS, GRAVURES, CROQUIS, LIVRES,

OBJETS D'ART ET DE CURIOSITÉ,

MODÈLES, BRONZES ANCIENS, MEUBLES, ETC.

DÉSIGNATION.

DESSINS ORIGINAUX PAR J. FEUCHÈRE.

1. Vingt-neuf feuilles de dessins divers.

2. Un volume contenant environ trente dessins d'après le modèle; la plupart sont des figures de femmes. — Un autre petit volume rempli de croquis.

3. Dix-sept croquis, études et compositions.

4. Dix dessins, idem.

5. Quatre dessins non terminés représentant les quatre Saisons.

6. Douze compositions pour une vie de François Ier; projet de décoration pour un salon; dessins au lavis rehaussés de blanc.

7. Quinze dessins et croquis, sujets, vases, ornements; toutes ces compositions ont été gravées à l'eau-forte.

8. Vingt et une compositions; dessins qui tous ont été gravés à l'eau-forte.

9. Onze compositions qui ont été peintes sur émail par Feuchère.

10. Seize dessins et croquis représentant des enfants.

10 *bis*. Dix-huit dessins divers, dont plusieurs études d'après le modèle.

11. Dix-huit dessins et croquis divers.

12. Quatorze dessins et croquis divers, dont les compositions pour la figure du Benvenuto Cellini.

13. Neuf dessins et croquis divers, compositions d'orfévrerie; deux de ces dessins sont très-beaux et terminés.

14. Quatre compositions pour les figures qui soutinrent le cer-

cueil de Napoléon et pour celles qui le couronnèrent; dessins très-précieux, tout ce qui composait cette décoration ayant été détruit.

15. Neuf dessins très-terminés, compositions de haute orfévrerie.

16. Dix-sept dessins et croquis divers.

17. Dix-sept dessins, dont les compositions pour le plafond de l'Odéon.

18. Vingt-sept compositions et croquis.

19. Douze dessins au lavis rehaussés de blanc pour les figures d'apôtres qui ont été peintes à fresque dans l'église Saint-Paul de la rue Saint-Antoine.

20. Seize dessins, dont les compositions pour le groupe de l'Amazone, pour la fontaine Cuvier, et pour le groupe du pont d'Iéna.

21. Sept compositions pour la médaille de la République.

22. Quatre dessins terminés, savoir : deux compositions pour le fronton de l'église de la rue Saint-Louis, le dessin de la Jeanne d'Arc de la ville de Rouen, et les groupes d'enfants des fontaines de la place Louis XV.

23. Seize dessins et croquis divers.

24. Trois dessins à la sanguine, composition pour une figure de Molière. Le Christ mort sur les genoux de la Vierge.

25. Trois dessins à la sanguine : études pour la figure de Bossuet de la fontaine de la place Saint-Sulpice ; dessins très-capitaux.

26. Deux dessins capitaux à la sanguine : étude d'un Christ pour un vitrail de la manufacture de Sèvres, figure de la Charité.

27. Deux dessins à la sanguine : très-belle étude de draperies, une feuille de croquis.

28. Quatre dessins de haute orfévrerie, vases-cartouches, composition pour un poignard.

29. Deux dessins, la Descente du Saint-Esprit sur les Apôtres, dessin capital; une feuille de croquis d'enfant d'après nature.

30. Trois dessins : une composition capitale représentant saint Michel, deux études d'après nature très-terminées.

31. Cinq très-beaux dessins, compositions et études pour un monument de Lesueur que Jean Feuchère devait exécuter.

32. Un dessin très-capital représentant Lesueur introduit par la Gloire dans le temple de l'Immortalité.

33. Trois dessins capitaux : compositions pour la pièce du

milieu d'un surtout de table. Deux de ces dessins sont au lavis rehaussés de blanc.

34. Deux dessins : composition pour le concours du tombeau de Napoléon ; composition pour un plafond.

35. Trois dessins : composition pour un vitrail représentant Raphaël ; une Tentation de saint Antoine ; une tête d'après nature.

36. Trois dessins, savoir : une composition pour un casque du style de Henri II, le dessin d'un bouclier représentant des Tritons et des Néréides, et le dessin d'un autre bouclier représentant la Peinture, la Sculpture, la Ciselure et l'Orfévrerie.

37. Deux superbes dessins, compositions de boucliers que M. Vechte a exécutés au repoussé, et qui se voient maintenant dans les Musées d'Allemagne et de Russie.

38. Deux dessins pour des boucliers, forme Henri II. Ces dessins ont été exécutés par M. Vechte.

39. Un superbe dessin pour un bouclier, combat des Centaures et des Lapithes, exécuté par M. Vechte pour la Russie.

40. Le Combat des Amazones, composition circulaire pour un bouclier. Ce dessin, qui ne le cède en rien à ceux des anciens maîtres, a été exécuté au repoussé par M. Vechte pour le musée impérial de Saint-Pétersbourg.

41. Dante méditant son poëme, superbe dessin encadré.

42. Dessin très-capital pour un vase d'orfévrerie encadré.

43. Magnifique composition pour un vase d'orfévrerie offrant les attributs de tous les éléments. Ce dessin, un des plus beaux que Jean Feuchère ait exécutés, est peint à la détrempe sur papier.

44. Un cahier contenant des figures d'anatomie pour un ouvrage que Jean Feuchère se proposait d'éditer.

44 *bis*. Vingt et une académies par Jean Feuchère.

EAUX-FORTES

GRAVÉES PAR JEAN FEUCHÈRE.

44 *ter*. Deux épreuves d'une gravure à l'eau-forte représentant l'Apothéose de saint Paul ermite. Ces épreuves sont les seules qui

existent, la planche ayant été grattée ; plus, le dessin de cette gravure par Jean Feuchère.

45. Seize pièces gravées à l'eau-forte par Jean Feuchère : ornements, titres, etc., épreuves de choix, quelques-unes avec des différences.

46. Quinze pièces à l'eau-forte par Jean Feuchère, épreuves d'essai.

47. Un cahier de six eaux-fortes, compositions d'ornements, toutes premières épreuves ; plus, deux portraits lithographiés par Jean Feuchère, et sept compositions gravées en bois, épreuves d'auteur.

47 *bis*. Six planches de cuivre gravées à l'eau-forte formant une suite complète sous le titre d'Études applicables à l'ornementation, composées et gravées par Jean Feuchère ; ces cuivres sont dans le meilleur état et n'ont pas tiré plus de vingt-cinq épreuves chacun.

47 *ter*. Onze sujets gravés sur sept bois, d'après les dessins de Jean Feuchère. Ce sont les gravures qui ornent ce Catalogue.

PARTIE DES BRONZES ET TERRES CUITES.

48. Amazone domptant un cheval sauvage, groupe en bronze fondu et ciselé pour Jean Feuchère et sous ses yeux. Ce bronze, par le fini de son exécution, est unique.

49. Satan, figure en bronze ; elle est montée en pendule.

50. Modèle en bronze de la Médaille de la République, face et revers. Ce modèle a remporté le prix du concours en 1848.

51. Le Peuple, étude pour la Médaille de la République ; terre cuite.

53. Esquisse de la figure de la République qui devait être placée sur la place du Corps législatif, modèle en plâtre ; original.

54. Esquisse de la figure de la Loi, statue en marbre exécutée par Jean Feuchère, et qui doit être placée sur le piédestal de la place du Corps législatif. — Terre cuite.

55. Seconde esquisse pour la même figure. — Terre cuite.

56. Esquisse d'une statue projetée pour un monument à élever au peintre Lesueur. — Terre cuite.

57. Bas-relief en terre cuite représentant les Beaux-Arts.

58. Esquisse en terre cuite du groupe d'enfants qui supportait la couronne impériale au sommet du char des funérailles de l'Empereur.

59. La Nuit et le Jour, d'après Michel-Ange, figures en terre cuite.

60. Le Christ mort sur les genoux de la Vierge, groupe en terre cuite.

61. Homère mendiant, groupe en terre cuite.

62. Sapho appuyée sur sa lyre, figure en terre cuite.

63. Esquisse pour un tombeau, groupe en terre cuite.

64. Le Laocoon, composition différente de celle du groupe antique.

65. Le Mauvais Génie, groupe en terre cuite pour une console.

66. L'Enlèvement des Sabines, groupe en terre cuite sur un piédestal orné de bas-reliefs : très-belle composition.

67. Figure drapée à l'antique et posée dans une attitude méditative. — Terre cuite.

68. Une figure de fleuve, une esquisse pour un écorché, deux figures en terre cuite.

69. Combat d'Amazones, groupe en terre cuite, composition pleine de mouvement.

70. Un mendiant, modèle en terre cuite pour une tirelire.

71. Deux figures en terre cuite formant pendant : Nymphe se mirant dans un ruisseau, Nymphe prenant un papillon.

72. L'Imagination, charmante figure en terre cuite.

73. Daphnis et Chloé, groupe en terre cuite.

74. Triomphe de Bacchus, groupe en terre cuite.

75. Nymphe à l'oiseau. — Terre cuite.

76. Nymphe montée sur un hippocampe. — Terre cuite.

77. Enfants faisant becqueter deux colombes, groupe en terre cuite.

78. Bacchus enfant domptant une panthère. — Terre cuite.

79. Une jeune fille et deux enfants examinant un nid d'oiseaux ; charmante terre cuite.

80. Une Nymphe sur un poisson, modèle pour un porte-cigare ; ravissante composition.

81. La Vénus aux Amours. Cette figure, l'une des plus gracieuses que Jean Feuchère ait composées, devait être exécutée en ivoire ; *on la vend avec le droit de propriété.*

82. L'Aurore, esquisse pour une pendule, très-belle terre cuite ; a été exécuté par M. Riglet.

83. La Tentation de saint Antoine, modèle en plâtre.

84. Deux enfants jouant avec des canards, groupe ; modèle en plâtre.

85. Figures pour un tombeau : deux figures séparées, modèles en plâtre.

86. L'Ange gardien.

87. Le Christ sur les genoux de la Vierge, toile peinte par Jean Feuchère.

TABLEAUX.

89. Un grand tableau de nature morte, par Weenix, ouvrage capital.

90. Une Nymphe couchée, bon tableau de l'école de Fontainebleau.

BATISTE.

91. Un tableau de fleurs.

BOEL.

92. Deux tableaux représentant des oiseaux et des poissons.

LÉONARD DE VINCI.

93. La Vierge et l'Enfant Jésus. Tableau de la plus grande beauté et de la plus parfaite conservation. Il était originairement peint sur bois, mais on a été obligé de le transporter sur toile; la vétusté du panneau aurait entraîné la destruction de la peinture. Ce rare et magnifique ouvrage, un des plus beaux tableaux de ce maître qui se puisse rencontrer en dehors des Musées nationaux, a été gravé, et l'estampe se trouve à la Bibliothèque, à la troisième page de l'œuvre de Léonard de Vinci. Elle est exécutée en manière noire, et sur une tablette, au bas de l'estampe, se trouve écrit: «Gravé, d'après le tableau de Léonard de Vinci, par P.-S. Lutzenkirchen, l'an 1813. » L'original se trouve dans la collection de M. Pech, marchand de tableaux, à Francfort-sur-le-Mein.

HOGARTH.

94. Groupe de têtes riantes, échantillon précieux d'un maître très-rare. — Un Murillo.

VANNI.

95. Apothéose d'un saint. — Esquisse de la plus grande beauté.

96. Quatre tableaux divers, ancienne école italienne.

TABLEAUX MODERNES.

M. BOISSARD.

97. Très-belle étude pour une figure d'Abel.

M. BONVIN.

98. Tableau de nature morte dans le genre de Chardin.

99. Le groupe des petites filles pour le tableau des Sœurs de charité. Étude pleine de finesse.

M. DAUMIER.

100. Enfants cueillant des fruits, peinture largement exécutée.

M. FLANDRIN.

101. Tête de femme. Cette étude est une des meilleures de ce peintre éminent.

M. TASSAERT.

102. Différentes figures de femmes sur une toile, peintes d'après nature.

M. ÉMILE WATTIER.

103. Une esquisse et un petit tableau sur panneau.

104. Cinq petits tableaux et études, par Daubigny, Guillemin, Balfourier et autres.

DESSINS D'ANCIENS MAITRES.

BACCIO BANDINELLI.

104 *bis*. Une figure dessinée à la plume.

105. Deux enfants dessinés à la pierre d'Italie.

106. Deux figures de saints dessinées à la plume.

BELLIN (Jean).

107. Deux têtes dessinées au recto et au verso d'une feuille de papier, dessin rare et précieux.

BIBIENA.

108. Très-beau dessin pour le plafond d'un théâtre.

CARRACHE (Louis).

109. La Vierge et l'Enfant Jésus, Saint Sébastien, deux très-beaux dessins.

CORRÈGE.

110. Deux enfants dessinés à la sanguine, précieux dessin.

111. Étude pour une figure de saint Benoît, dessin à la pierre d'Italie, rehaussé de blanc.

112. Étude pour une figure de sainte, dessin magnifique au crayon rouge.

113. Deux feuilles de croquis à la plume, collection unique des différentes compositions que le Corrège a essayées pour le tableau de l'Amour taillant son arc.

BENVENUTO CELLINI.

114. Croquis à la plume pour la figure de Persée.

DAVID (Louis).

115. Études de têtes pour le tableau de Léonidas.

DONATELLO.

116. Jésus-Christ et les apôtres, très-beau dessin à la plume.

DUMONTIER.

117. Un portrait de femme dessiné au crayon.

FRANCO (Batista).

118. Trois beaux dessins à la plume.

GHIRLANDAIO.

119. Deux figures d'anges, rares et beaux dessins.

JOST-AMMON.

120. Magnifique dessin pour une pièce d'orfévrerie.

LESUEUR.

121. Très-beau dessin à la pierre d'Italie, sujet inconnu, étude pour deux figures d'enfants.

122. Sept dessins, études et compositions diverses.

MANTÈGNE.

123. Hercule combattant l'hydre de Lerne, très-beau dessin à la plume.

124. Deux figures à la plume, école de Mantègne.

MEMMI (Simone).

125. Portrait dessiné au crayon et rehaussé de blanc.

MICHEL-ANGE.

126. Étude à la pierre d'Italie pour une figure du Père Éternel qui se voit dans les compositions de la voûte de la chapelle Sixtine.

127. L'Enfant Jésus endormi sur les genoux de la Vierge, dessin au crayon rouge.

PARMESAN.

128. Dessin à la plume et au lavis, fragment d'une grande composition.

129. Croquis pour une Sainte-Famille, très-beau dessin provenant des collections Denon et Gros.

130. Trois dessins à la plume et au lavis.

PÉRUGIN.

131. Le Christ ayant à côté de lui saint Jean et un Père de l'Église, rare dessin à la plume.

PERRUZZI (Balthazar).

132. Croquis à la plume pour une porte ornée de sculpture, très-beau dessin.

133. L'Enlèvement d'Europe, l'Homme condamné au travail, Léda, trois dessins.

PERIN DEL VAGUE.

134. Composition pour la décoration d'une porte, précieux dessin à la pierre d'Italie.

135. L'Ensevelissement du Christ, charmant dessin au lavis rehaussé de blanc.

136. Trois superbes dessins à la plume, ornements et figures de décoration.

137. Trois beaux dessins collés sur le même carton, par Perin del Vague et autres (collection Mariette).

138. Perin del Vague et autres, trois dessins.

POLYDORE DE CARAVAGE.

139. Dessin pour une frise.

POUSSIN (Nicolas).

140. La Peste, très-beau dessin à la plume et au lavis.

141. L'Enlèvement des Sabines, dessin avec la gravure et deux autres dessins.

PRIMATICE.

142. Deux beaux dessins pour les peintures de Fontainebleau.

PRUDHON.

143. L'Amour entraînant l'Innocence, dessin au crayon sur papier blanc.

RAPHAEL.

144. Le Sacrifice de Melchisédech, très-beau dessin à la plume et au bistre.

145. Le Baptême de Jésus-Christ, dessin à la plume et au bistre.

146. Figure pour une cariatide, dessin au crayon rouge de la plus grande beauté.

147. Une tête de grandeur naturelle dessinée à la pierre d'Italie, magnifique dessin de la collection de Timothée della Ville.

148. Superbe étude d'après nature, femme dessinée à mi-corps à la pierre d'Italie.

149. Plusieurs figures dessinées à la plume sur une même feuille, école de Raphaël.

RUBENS.

150. Étude pour un groupe qui se voit dans le tableau de la Vierge aux Anges, du Musée du Louvre, charmant dessin.

REYSDAEL.

151. Rare et précieux dessin provenant de la collection de Pierre Mariette, et décrit dans son catalogue nº 1028 ; chaumière entourée d'arbres touffus, et de l'autre côté un groupe de quatre grands arbres.

SARTE (André del).

152. Études d'après nature pour une figure du Christ descendu de la croix. Très-beau dessin à la pierre d'Italie.

153. La Vierge et l'Enfant Jésus, beau dessin à la sanguine.

154. La Nativité, dessin pour la fresque exécutée à Florence. Ce dessin est un des plus capitaux de ce maître.

155. Études de figures pour les fresques de Florence. Très-beau dessin exécuté sur le verso et le recto d'une feuille.

156. Étude pour une figure de moine. Très-beau dessin au crayon rouge.

157. Étude pour une figure d'homme portant un paquet, qui se voit dans une des fresques de Florence; dessin extrêmement beau.

158. Très-précieux dessin représentant le Christ souffleté.

159. La Sibylle de Delphes, superbe dessin à la pierre d'Italie.

160. Très-belle étude pour une figure qui se trouve dans les compositions des fresques de Florence. Ce dessin est double, et au revers se trouve une étude pour une figure de femme.

161. Trois croquis à la sanguine, à la plume et à la pierre d'Italie.

SCHOEN (Martin).

162. Un précieux dessin à la plume représentant une figure de la Vierge.

163. L'Annonciation. Très-beau dessin à la plume.

SALVATOR ROSA.

164. Deux dessins à la plume et un petit dessin de Vanni.

SERMEI (César).

164 *bis*. Dessin à la pierre d'Italie. Répétition du beau dessin qui se voit au musée du Louvre.

SIGNORELLI (Luca).

165. Deux figures dessinées sur papier teinté et rehaussées de blanc.

TESTA (Pietro).

166. La grappe de raisin du pays de Chanaan. Très-beau dessin.

D'UDINE (Jean).

167. Fragment de composition pour une décoration en arabesque.

VASARI.

168. Très-beau dessin à la plume, lavé au bistre, représentant des fonts baptismaux.

VINCI (Léonard de).

169. La Vierge sur les genoux de sainte Anne, rare et précieux dessin d'une composition pour le tableau qui fait partie de la collection du Louvre.

170. Une caricature dessinée à la plume.

ZUCARO (Frédéric).

171. La canonisation d'un saint, dessin très-capital. — La prédication de saint Paul, deux dessins.

ZURBARAN.

172. Femme implorant un saint. Les dessins de ce maître sont très-rares.

173. Quatre dessins, école florentine et école de Fontainebleau.

174. Cinq dessins italiens par Zucaro, Pagani et autres.

175. Neuf dessins par Carrache, Tibaldi et autres.

177. Dessins divers, neuf pièces.

178. Dix dessins par divers maîtres.

179. Dix-huit dessins de l'école française, par Boucher, Natoire, Bourchardon et autres.

179 *bis*. Cinquante études d'après nature, hommes et chevaux. Anatomie.

DESSINS MODERNES.

BÉRANGER, GUILLEMIN ET AUTRES.

180. Six dessins.

BONVIN.

181. Très-beau dessin à la plume et au lavis, composition pour le tableau de l'école des Sœurs, ouvrage exposé au salon de l'année 1851.

182. La Tricoteuse, dessin d'une couleur digne de Chardin.

CHARLET.

183. Charmante petite aquarelle représentant l'empereur Napoléon.

DAUMIER.

184. Six croquis dessinés au crayon avec toute la verve que cet

artiste met dans ses ouvrages. — Plus une tête à la plume par M. Bonvin, sept dessins.

DELAROCHE (Paul).

185. Charmant petit croquis à la mine de plomb représentant une marche de cavaliers du temps de Louis XIII.

GAVARNI.

186. Deux charmants dessins : une scène tirée du roman de Candide, et un bal masqué de l'Opéra.

GÉRICAULT ET RAFFET.

187. Marche d'une famille arabe à travers le désert par Géricault. Prise d'une redoute par Raffet.

GRANVILLE, Ed. WATTIER ET AUTRES.

188. Croquis d'une caricature des premiers temps du règne de Louis-Philippe par Granville, quatre dessins par Édouard Wattier et Marin Lavigne.

MEISSONNIER.

189. Un soldat en faction, charmante aquarelle pleine de naïveté et de finesse.

190 *bis*. Figure d'écorché, étude dessinée avec une science extraordinaire.

190. Les Rétameurs, magnifique étude d'après nature; ce dessin est peut-être le plus capital que cet artiste ait exécuté.

191. Étude pour une figure d'apôtre, dessinée sur parpier bleu rehaussé de blanc. Ce dessin est comparable aux plus beaux ouvrages italiens.

192. Le Marchand d'habits, étude pour les types dessinés dans l'ouvrage des *Français peints par eux-mêmes*.

193. Sainte Anne montrant à lire à la Vierge, aquarelle non terminée.

194. Croquis pour la composition du tableau des Amateurs; une figure du temps de Louis XII, deux dessins.

195. Portrait de Meissonnier dessiné par lui-même; étude de draperie, deux dessins.

HENRI MONNIER, JEANRON, LORENTZ.

196. Cinq dessins.

STEINHEIL.

197. Une miniature peinte sur vélin, feuille destinée à compléter un manuscrit, têtes de lions dessinées au crayon d'après nature.

198. Dessins divers par E. Wattier, Victor Hugo, Mélingue, Régnier de Sèvres, Mouchy, cinq pièces.

199. Huit dessins par Eugène Cicéri, Burette et autres.

200. Neuf dessins par Hennequin et autres.

GRAVURES.

ALDEGRAF.

201. La Fortune, très-belle épreuve; Vénus, Ève avec le serpent, et une autre Fortune, n° 102, quatre estampes, anciennes épreuves.

202. La Luxure, le Porte-Drapeau, deux Alphabets et une Frise d'enfants chassant des ours, cinq estampes.

203. Huit pièces diverses pour objets d'orfévrerie, comme manches de couteaux; ces pièces sont très-belles et très-rares.

ALTORFER.

204. Quatre pièces.

AMMON (Jost).

205. L'Amiral Coligny, gravé sur cuivre, belle épreuve d'une pièce rare.

206. Douze pièces gravées sur bois par Ammon (Jost), titres de livres, etc., etc.

BALDANG (Hans) et SCHAEFELNI.

207. Six pièces très-belles par Hans Baldang et Schaefelni.

BAROCHE.

208. La Vierge et l'Enfant Jésus dans les nuées, n° 2, gravure à l'eau-forte, pièce rare; Sainte-Famille, gravée par Augustin Carrache; la Vierge à l'Écuelle par C. Cost, trois estampes.

BEHAM (Hans Sébald).

209. Épreuves d'un fond de soucoupe gravé par Béham, estampe très-rare.

209 *bis*. L'Enfant prodigue, les Trois Guerriers, enfants montés sur des hippocampes, quatre estampes très-belles épreuves.

210. Judith, très-belle épreuve, Trajan, le Combat des Centaures et la Mort terrassant un guerrier, le Satyre, etc., sept estampes anciennes épreuves.

211. Enfant couché près d'un sablier, charmante pièce, très-belle épreuve.

BÉHAM. (Gravures en bois.)

212. Le bain des Anabaptistes, belle épreuve, très-rare, bien conservée.

213. Six pièces diverses gravées par Béham.

BERCHEM.

214. Cinq pièces, savoir : la suite n°s 13 à 16 et le n° 22, rare.

215. Quinze pièces de la suite *animalia ad vivum*, plus deux pièces par Jean Vischer et une feuille contenant des têtes de moutons, chèvres, etc., par un maître allemand, vingt-deux pièces.

BINCK.

216. Mercure, Diane, la Tempérance, la Justice, frise représentant un combat et la vendange, six estampes, très-belles épreuves.

BOEL (Pierre).

217. Les n°s 9 à 14, suite complète. Belles épreuves, six pièces.

218. La Chasse au sanglier, n° 7, plus une suite de neuf pièces, savoir : un castor, un renard et deux tortues, trois hérissons, un lynx, deux blaireaux, une mangouste, un caméléon, trois canards. Cette suite, très-rare, n'a pas été décrite jusqu'à présent.

BONASONE.

218 *bis*. Les Satyres et les Nymphes.

219. Un portrait de Michel-Ange, belle épreuve.

219 *bis*. Le Char du Soleil.

BOSSE (Abraham).

220. Jardin de la noblesse française, vingt-deux pièces ; plus trois autres pièces, en tout vingt-cinq estampes.

BOURDON.

221. Les Sept œuvres de Miséricorde, gravées par L. Audran.

BREUGHEL D'ENFER.

222. Les Supplices, pièce rare.

CALLOT.

223. La Carrière de Nancy, très-belle épreuve.

224. Balli de Sfessania; vingt-quatre pièces, très-belles épreuves, plus le portait de Callot par Michel Lasne.

225. Neuf pièces gravées pour une fête donnée par le prince Henry de Lorraine, très-belles épreuves.

226. Vingt et une pièces diverses, parmi lesquelles on distingue le Massacre des Innocents, planches de Florence et de Nancy, l'Éventail, les Bohémiens, les Supplices, etc., etc.

CALLOT et LABELLE.

227. Le siége de Bréda, Marche d'armée.

CARRAGLIO.

228. Une pièce des Amours des dieux, très-belle épreuve.

228 *bis*. Une seconde estampe de la même suite, très-belle.

CARRACHE.

229. Vingt pièces gravées par Augustin Carrache et autres.

CHARDIN.

230. Cinq pièces par Lépicié, plus le portrait de Chardin par Chevillet.

CRANACH (Lucas).

231. Six pièces très-rares et très-belles, représentant des pièces d'orfévrerie.

232. Trois pièces dont le Grand Tournois.

CAMAIEUX.

233. Gravure en bois de l'école de Mantègne; elle représente un sujet allégorique; au haut de l'estampe l'inscription : *Historia Romana*, et dans un petit cartouche : *Opus Jacobi*, pièce rare. Une figure d'apôtre, gravée en bois, plus deux titres de livres.

234. Cinq estampes gravées en camaïeu, d'après Raphaël, Baroche, Jules Romain, etc., belles épreuves.

235. Cinq estampes gravées en camaïeu, d'après le Parmesan, par Boldrini et Vincentini et autres, belles et rares estampes.

236. Six estampes gravées en camaïeu d'après le Parmesan, le Saint-Jean, l'Homme vu de dos, etc., etc.

237. Six autres estampes : Adoration des Rois, Sainte-Famille, etc.

238. Trois belles estampes en camaïeu d'après le Parmesan, savoir : le Diogène, deux épreuves dont une ancienne et très-belle.

239. Cinq estampes en bois et en camaïeu, d'après le Titien, savoir : le Triomphe de la Foi, la Caricature du Laocoon, le Martyre de saint Pierre Dominiquin, etc.

DAUMIER.

240. Actualités, 100 pièces lithographiées, premières épreuves sur papier fort, choisies par Daumier.

241. Les Beaux Jours de la Vie, 50 pièces ; les Philanthropes du jour, 24 pièces ; 74 lithographies, épreuves de choix.

242. Les Représentants représentés, 90 pièces ; Physionomie de l'Assemblée, 25 pièces, en tout 115 lithographies, épreuves de choix.

243. Croquis musicaux, 14 pièces ; Locataires et Propriétaires, 11 pièces ; Idylles parlementaires, 7 pièces ; Voyage en Chine, 28 pièces.

244. Les Gens de Justice, 16 pièces ; le Public du Salon, 10 pièces ; les Bas-bleus, 12 pièces ; Physionomies tragiques, 8 pièces ; les Femmes socialistes et les Divorceuses, 13 pièces ; Tout ce qu'on voudra, 80 lithographies de choix.

245. Physionomies des chemins de fer, 10 pièces ; Pastorales, 24 pièces ; Enfantillages, 13 pièces ; suites diverses, épreuves avant la lettre, 19 pièces ; Robert-Macaire, 13 pièces ; Parisiens en 1852, 10 pièces ; Canotiers parisiens, 4 pièces ; 93 lithographies.

246. Suites diverses, 50 pièces ; 4 grandes lithographies politiques et 25 lithographies par Gavarni, 74 pièces sur papier fort.

DEMARNE et GESNER (eaux-fortes).

247. Quatre pièces, eaux-fortes.

DREVET (Pierre).

248. Le portrait de Bossuet, très-belle épreuve avant les points.

DOMINIQUIN.

249. Quatre pièces gravées par Teste, Pesne et Poilly, anciennes épreuves.

DUJARDIN (Karel).

250. Le n° 4. Les Chevaux, superbe épreuve avant le numéro; plus les n°s 24 et 47.

251. La suite des cinquante-deux pièces, bonnes épreuves reliées en un volume. On y a joint un portrait de Karel Dujardin.

DURER (Albert).

252. La Vierge allaitant l'Enfant Jésus, n° 34; l'Immaculée Conception, n° 30, deux estampes, très-belles épreuves.

253. Saint Georges, très-belle épreuve, n° 53.

254. Cinq pièces de la suite des Apôtres, n°s 46, 47, 48, 49, 50, belles épreuves.

255. La Mélancolie, n° 47, ancienne et belle épreuve.

256. Armoiries à la tête de mort, n° 101, une des plus belles épreuves de cette rare estampe.

257. Le Cavalier et la Dame, très-belle épreuve.

258. L'Hôtesse et le Cuisinier, n° 84, très-belle épreuve. Le Cavalier et la Dame, ancienne épreuve, deux estampes.

259. Quatre portraits d'Albert Durer par Killan, Schœffer et autres.

DURER (Albert). — En bois.

260. Quatre pièces de la Vie de la Vierge, premières épreuves.

261. Cinq pièces en bois, anciennes et belles épreuves, savoir : le Couronnement de la Vierge, la suite des Saints, le titre de la grande Passion, etc., etc.

262. Quatre pièces gravées en bois, savoir : le Petit couronnement de la Vierge, l'Apothéose de la Madeleine, le Christ en croix et le Rhinocéros. Ces quatre estampes sont très-rares.

DYCK (Van).

263. Les portraits de Breughel (Jean), Snellinx, Vosterman (Lucas), Juste Suttermans, de Monper, François Frank et Pierre Breughel, gravés à l'eau-forte par Van Dyck, bonnes épreuves; plus les portraits de Jacques Callot, Fabricus de Pèvese et Antoine de Triest, d'après Van Dyck, par Vosterman et autres.

FERDINAND.

264. Le portrait du Poussin, belle épreuve.

FLAMEN (ALBERT).

265. Neuf pièces des différentes suites de poissons.

GILLOT.

266. Une série de costumes de l'ancienne Comédie-Française, suite très-curieuse et très-rare, plus une Bacchanale, quatre pièces.

GOYA.

267. Deux pièces à l'eau-forte, très-rares.

GREUZE.

268. Quatre pièces d'après Greuze, par Flippart, Massart et autres.

HOLLAR (VINCESTAS).

269. Douze pièces, costumes hollandais.
270. Trois pièces, papillons.
270 *bis*. Quatre pièces, Hollar et autres.

HUET (PAUL).

271. Les deux gravures les plus capitales de cet artiste, données à Feuchère par Huet, premières épreuves.

LABELLE.

272. Vingt-six pièces, anciennes épreuves.

LECLERC (SÉBASTIEN).

273. Cinquante pièces, parmi lesquelles se trouve la suite de la Vie de Saint Bruno, en trente-trois pièces, rares ; les tapisseries des Gobelins, le *Puer parvulus*, etc., etc., anciennes épreuves.

LESUEUR (EUSTACHE).

274. La Vie de saint Bruno, gravée en vingt-deux pièces ; plus le portrait de Lesueur, par V. Schuppen.
275. Dix pièces gravées d'après Lesueur, par divers graveurs.

LEYDE (Lucas de).

276. Loth et ses filles, la Visitation, Saint Antoine, les Tritons, et trois copies d'après Lucas de Leyde.

277. Onze pièces par Virgile Soles, David Hopfer et autres.

LONDONIO.

278. Quatre pièces, dont une très-belle.

LORRAIN (Claude).

279. Le Campo-Vaccino n° 5, et le paysage n° 20, bonnes épreuves.

MANTÈGNE (André).

280. La Vierge et l'Enfant Jésus, pièce rare.

281. Jésus-Christ descendant dans les limbes, deux pièces du Triomphe de Jules César, trois estampes.

MICHEL-ANGE.

282. Trois pièces d'après Michel-Ange, savoir : les Vices tirant de l'arc contre la statue de la Vertu, Enfants portant un cerf dans une cuve, et le Songe de Michel-Ange, anciennes épreuves.

283. Vingt pièces d'après Michel-Ange, tombeau des Médicis, figures pour les pendentifs de la chapelle Sixtine.

284. Douze pièces diverses d'après Michel-Ange.

285. Huit pièces *fac-simile* d'après les dessins de Michel-Ange.

286. Huit pièces, pendentifs de la chapelle Sixtine, gravées par le Mantuan, une feuille du Jugement dernier.

MELLAN.

287. La Sainte Face, Saint Benoît, Saint Frauroys, les Pères du désert, trois titres de livres d'après le Poussin, etc., etc. Dix estampes.

P. MOLYN.

288. L'Étoile des rois.

MORIN.

289. Le cardinal Bentivoglio, d'après Van Dyck, Antoine Vitré, deux estampes, très-belles épreuves.

MULLER (Jean Gothard).

290. Le portrait de madame Lebrun d'après elle-même. Le tableau original a été détruit.

VAN OSTADE (Adrien).

291. Cinq pièces, savoir : les n°s 23, 26, 31, 33 et le n° 46, le Ménage villageois, très-beau.

PENCZ.

292. Quatre estampes, dont Procris, Judith, etc. ; plus une gravure par Altorfer, et une autre d'après Mantègne. Six pièces.

PESNE

293. Le portrait du Poussin, dédié à Paul Fréart de Chantelou. Ancienne et belle épreuve.

294. Le portrait du Poussin dédié à D. Cerisier. Belle épreuve.

295. Le Baptême, le Ravissement de saint Paul, le Testament d'Eudamidas, et six pièces des travaux d'Hercule. Neuf pièces.

POUSSIN (Nicolas).

296. Douze pièces d'après le Poussin, par divers graveurs; il s'y trouve la suite des Sept Sacrements, par Benoît Audran.

297. Moïse exposé, le Boiteux guéri à la porte du temple, le Veau d'or et Pyrrhus sauvé.

PIRANÈSE.

298. Vingt-trois pièces des petites vues de Rome. Anciennes épreuves.

POTTER (Paul).

299. Le Vacher, n° 14, bonne épreuve, copie du Cheval blanc; deux pièces.

PRUDHON.

300. Cinquante-neuf pièces de l'œuvre de Prudhon gravées et lithographiées tant par lui que par divers artistes. Cette réunion se compose des plus belles pièces de l'œuvre et peut former une base excellente à une réunion plus complète. Elle sera mise en vente en entier; mais s'il ne se trouve pas d'acquéreur, elle sera divisée comme il suit :

301. Huit pièces lithographiées, savoir : Une lecture, la Pau-

vre famille par Prudhon, le Triomphe de Napoléon, la Vendange par Aubry le Comte, etc., etc.

302. Huit vignettes gravées par Roger et Copia, la Vengeance poursuivant le crime, les sujets de la nouvelle Héloïse, etc., etc.

303. La vignette de l'Imitation. Très-belle épreuve.

304. L'Homme entre le vice et la vertu, l'Innocence, deux épreuves, ces gravures par Roger. Quatre estampes.

305. Vignettes pour l'Aminte, Abrocome et Anthia, etc., plus le portrait du roi de Rome. Dix pièces.

306. Vignettes, culs-de-lampes du temps de la République. Huit pièces.

307. Quatre grands sujets, savoir : la Constitution de l'an III, la Poésie, la Vengeance de Cérès, l'Innocence et l'Amour.

308. Trois sujets pour le roman de Daphnis et Chloé, et deux autres pour Paul et Virginie. Cinq pièces.

309. Trois vignettes pour l'*Art d'aimer* de Gentil-Bernard, dont celles gravées par Prudhon, épreuve avant la lettre; plus deux épreuves de la copie de cette dernière estampe. Cinq pièces.

310. Six pièces, principes de dessin, et sujets par Mlle Mayer.

RAIMONDI (Marc-Antoine).

311. Dieu ordonne à Noé de bâtir l'arche, gravure d'après Raphël; superbe épreuve d'une pièce très-rare, n° 3.

312. Le Massacre des Innocents, d'après Raphaël, n° 18; belle épreuve de la planche au chicot.

312 *bis*. La Vierge lisant accompagnée de l'Enfant Jésus; belle épreuve.

313. La Vierge à l'escalier. — La Vierge lisant accompagnée de l'Enfant Jésus; belle épreuve.

314. Jésus-Christ et les douze Apôtres.

315. Les cinq Saints, ancienne et belle épreuve.

316. Sainte Cécile, très-belle épreuve d'une des estampes les plus estimées de Marc-Antoine.

317. Le Martyre de sainte Félicité, le Jugement de Pâris et la Cassolette; trois estampes.

318. La Petite Vendange, ancienne épreuve.

319. Mars et Vénus, d'après Mantègne, et le *Quos ego;* deux estampes.

320. Les Grimpeurs, très-belle épreuve d'une pièce rare.

321. La Peste, d'après Raphaël ; superbe épreuve.

322. L'Homme et la Femme aux boules, très-belle épreuve d'une des plus rares estampes de Marc-Antoine.

323. La Carcasse, très-belle épreuve.

324. Vénus et l'Amour, d'après Raphaël; Jupiter et l'Amour, pour l'un des trois angles de la galerie Farnèse; deux estampes.

325. Le Portrait de Raphaël, Joseph, l'Amour naviguant sur les eaux, une Figure d'après l'antique; quatre estampes.

325 *bis*. Trois pièces de l'histoire de Psyché.

ESTAMPES D'APRÈS RAPHAEL, PAR DIVERS.

326. Les cartons d'Hampton-Court, en sept pièces, par Dorigny.

327. L'École d'Athènes et la Dispute du Saint-Sacrement, par Mantuan.

328. Cinq pièces d'après Raphaël, dont Héliodore par C. Mariette, le Miracle de Bolsène, etc.

329. Portraits d'après Raphaël; huit pièces.

330. Dix-huit pièces d'après Raphaël, Vierges et Sainte Famille, têtes d'étude.

331. Trente pièces diverses d'après Raphaël.

332. Trois pièces gravées en camaïeu.

333. Trente pièces *fac-simile* d'après les dessins de Raphaël.

334. Sept estampes d'après Raphaël, André del Sarte et le Titien.

335. La Suite des Loges, gravée par M. Chaperon en 53 pièces, édition de Mariette.

336. Douze frises, sujets de l'Ancien Testament, gravées par P. S. Bartoli.

337. Quinze frises, sujets du Nouveau Testament, gravées par P. S. Bartoli.

338. Quatorze frises, histoire des Médicis, gravées par P. S. Bartoli.

339. Huit figures d'étude d'après Raphaël, par Procaciomi ; plus, les angles de la Farnésine, en quatorze pièces, par Gérard Audran.

340. La Théologie, la Philosophie, la Jurisprudence; plus, neuf pièces, par Dorigny, treize estampes.

341. Huit angles de la Farnésine gravés par Sandart; plus, la Vérité, la Tempérance, la Force et quatre cariatides, quinze estampes.

342. Cinq estampes et lithographies, savoir : le Mariage de la Vierge, le Miracle de Bolsène, etc., etc.

343. Le Miracle du Saint-Sacrement, École d'Athènes, par Mantuan.

343 *bis*. Saint Michel d'après Raphaël, par Vosterman.

REMBRANDT.

344. La Petite Tombe, belle épreuve.

345. Le Docteur Faust, belle épreuve, et le Griffonnement, n° 353, fort belle épreuve.

346. Portraits de Jean Lutma, Abraham France, Clément de Gouge, et l'Annonce aux Bergers.

347. Huit pièces, dont l'Adoration des Bergers, la Résurrection de Lazare, n° 73, une Sainte Famille, le Petit Crucifiement, etc., etc.

348. Neuf pièces par Rembrandt, savoir : la Descente de Croix, l'Enfant prodigue, la Sainte Vierge et l'Enfant Jésus, Adam et Ève, etc., etc. — Plus, trois pièces d'après Rembrandt, en tout quinze pièces.

RIDINGER.

349. Seize pièces diverses.

ROMAIN (Jules) et POLYDORE DE CARAVAGE.

350. Seize pièces.

ROSA (Salvator).

351. Deux pièces à l'eau-forte, bonnes épreuves.

RUYSDAEL.

352. Les n°ˢ 1, 2, 3, anciennes épreuves.

RUBENS.

353. La Fête flamande, le Couronnement de la Reine par B. Picard, deux épreuves, la Chute des réprouvés par Suyderoef, quatre estampes.

354. La Grande Chute des réprouvés par Van Orley.

355. Cinq estampes par Panneels, Soutmann et autres.

SARTE (André del).

356. Dix-sept gravures d'après André del Sarte. Il se trouve quatre portraits du peintre, entre autres celui dessiné et gravé par Saint-Ève.

357. Vingt-quatre gravures d'après André del Sarte.

SCHOEN (Martin).

358. La Vierge assise sur un trône à côté du Christ, n° 71, très-belle épreuve.

359. Symbole d'évangéliste, n° 73, un Saint par Israël Van Mihen et la copie de l'Encensoir de Martin Schoën, trois estampes.

STIMMER (Tobie).

360. Neuf pièces pour titres de livres, etc., très-belles et rares.

360 *bis*. Quatorze pièces pour la Vie des hommes illustres de Paul Jove.

SYLVESTRE (Israel).

361. Six pièces, vues d'Italie, anciennes épreuves.

TESTA (Pietro).

362. Cinq estampes gravées à l'eau-forte, plus le triomphe de Bacchus, grande estampe d'après Jules Romain, six pièces.

TIÉPOLO.

363. Divers caprices, suite de onze pièces.

VELDE (Jean Van de).

364. L'Étoile des rois, d'après Pierre Molyn, superbe épreuve.

VELDE (William) et MARC DE BYC STOOP.

365. Quatorze pièces : animaux.

VINCI (Léonard de).

366. Léda, épreuve avant toute lettre.

366 *bis*. Enéas Vicus, Léda, deux épreuves de cette rare estampe. Ce lot sera divisé.

WICK (Thomas).

367. La Couseuse, n° 3, rare.

WATTEAU, BOUCHER, BAUDOUIN ET AUTRES.

368. Vingt-deux pièces par divers graveurs.

ÉCOLE ALLEMANDE.

369. Sept pièces diverses gravées en bois, école allemande.

370. Estampes diverses gravées par Otto Venius, Stradan, Goltius et autres, cinquante-cinq pièces.

371. Quatre feuillets d'ancien livre des premiers temps de l'imprimerie, éditions dites incunables, pièces très-rares et très-curieuses.

ÉCOLE FLAMANDE.

372. Vingt et une pièces d'animaux par Marc Debeye, Van de Velde, Vander Meulen et autres.

ÉCOLE DE FONTAINEBLEAU.

373. Huit pendentifs gravés par le Mantuan d'après le Primatice.

374. Tois pièces de l'école de Fontainebleau, dont la Nymphe et le Satyre, pièce très-rare.

ÉCOLE FRANÇAISE.

375. Treize pièces du cabinet Poullain, anciennes épreuves.

376. Quatre estampes, deux eaux-fortes par Demarne, et deux eaux-fortes par Gesner.

ÉCOLE ITALIENNE.

377. Vingt gravures d'après le Titien, Paul Véronèse, Tintoret et autres.

378. Trente-trois pièces d'après Fra Bartolomeo, Corrège, Vamai et autres.

379. Sept pièces, gravures de l'ancienne école italienne, dont plusieurs copies d'après Marc-Antoine.

380. Huit pièces, gravures de l'ancienne école italienne et école de Fontainebleau, par divers.

381. Dix pièces par Caraglio et autres.

382. Huit pièces d'après Daniel de Volterre, Masaccio, Fra Bartolomeo et autres.

383. Dix-sept pièces d'après le Corrège, Carrache, le Dominiquin et autres.

384. Une grande frise gravée d'après Polydore, par Pietro Santo Bartoli.

385. Trente-huit pièces en fac-simile d'après les dessins du Parmesan et autres.

386. Pièces de costumes divers, allemands et italiens.

387. Quatre pièces par W. Baur ; une, par Fragonard ; une, inconnue.

ESTAMPES DIVERSES.

388. Deux cents pièces, costumes, antiquités, etc., etc.

389. Animaux par J. Vischer, Oudry.

VANDER MEULEN ET AUTRES.

390. Neuf pièces d'après Hogarth, Rembrandt, Ribeira et autres.

Nota. Pour le supplément des estampes, voir le n° 571.

CURIOSITÉS.

MEUBLES ANCIENS.

391. Une crédence en bois de chêne (1 mèt. 60 sur 1 mèt. 55) montée sur un support garni d'un tiroir, les ornements finement sculptés attestent l'époque de la fin du seizième siècle.

392. Une armoire en chêne (hauteur : 2 mèt.; largeur : 1 mèt.) montée sur soubassement, ouvrant à deux vantaux dont les panneaux portent des médaillons sculptés dans le goût de J. Goujon, et des glaces en marbre ; le tout surmonté d'un fronton brisé.

393. Une table à rallonge en chêne (1 mèt. 25 sur 48 centim.); le pied est formé de colonnes cannelées et goudronnées. Ce meuble, de l'élégance la plus remarquable, est exécuté sur les dessins d'Androuet du Cerceau.

394. Un fauteuil en chêne sculpté ; les ornements sont très-délicats et de bon goût ; le meuble est très-solide et sans aucune vermoulure.

395. Une chaise en chêne sculpté dans le goût du meuble précédent.

396. Une chaise en chêne à pieds tournés, garnie de velours au siége et au dossier.

397. Une bibliothèque (hauteur : 2 mèt. 15 ; largeur : 1 mèt. 25), bois noir incrusté de cuivre dans le goût de Boule, ouvrant à deux vantaux vitrés haut et bas.

399. Cabinet en laque (hauteur : 42 centim. ; largeur : 38 centim.) ouvrant à deux vantaux ; l'intérieur garni de dix tiroirs ; les encoignures armées de cuivres gravés finement.

400. Boîte à bijoux en laque, de forme contournée, contenant cinq boîtes.

401. Petite table en chêne à pieds tournés (un tiroir).

402. Pendule (hauteur : 58 centim. ; largeur : 21 centim.) du siècle Louis XIII, très-ornée, très-riche et très-bien dorée. (Sa console manque.)

403. Une paire de chandeliers anciens avec ses trois lumières; très-bien dorés.

404. Une paire de chandeliers anciens argentés.

4

POTERIES.

BERNARD PALISSY.

405. Un plat orné de poissons, anguilles, coquillages, et dans le plus parfait état; la dimension de 45 cent. sur 35.

PORCELAINES DE CHINE ET DU JAPON.

406. Un grand sucrier de 24 cent. de haut sur 24. Fleurs sur fond de couleur.

407. Un pot à tabac garni de bronze.

408. Une bouteille bleue, fleurs bleues sur fond blanc (hauteur 32 cent.).

409. Une bouteille bleue (hauteur 19 cent.).

410. Une bouteille (hauteur 27 cent., largeur à la panse 16 cent.) fond blanc à fleurs.

411. Un porte-allumettes (hauteur 13 cent.), figures.

412. Une paire de cornets, fond brun à fleurs (hauteur 24 cent.).

413. Deux grands vases chinois (hauteur 60 cent., largeur 30 cent.) fond blanc portant des devises, des figures de mandarins, des Chinois; sur le col serpentent des dragons en relief.

414. Tasse et soucoupe, cette dernière brisée; ornements très-fins.

415. Tasse à café, sujets bleus, sans soucoupe.

416. Une théière en bacarat, ornements très-fins, boutons en chimère.

417. Une barque chinoise très-intacte.

418. Trois plats à fleurs, fond blanc.

419. Un grand plat à fleurs, fond blanc (diamètre 60 cent.).

420. Dix belles assiettes chinoises fond blanc, parsemées de fleurs d'une fine exécution.

421. Quatre autres diverses.

422. Deux tasses avec soucoupe, fond blanc à figures très-fines.

423. Cinq tasses, fond brun, intérieur à fleurs.

POTERIES DE MANUFACTURES DIVERSES.

424. Une paire de saucières avec plateaux, à anses ornées et panse contournée; pâte dure d'ancien Sèvres.

425. Seau à rafraîchir, fond blanc et fleurs en bouquets, de Meisen (Saxe).

426. Une aiguière (faïence) fond blanc, bouquet sur la panse.

427. Un porte-huilier, faïence fond blanc à fleurs (sans burettes).

428. Vingt-deux assiettes fond blanc, contournées, à filets d'or, ancien Sèvres pâte tendre, parfaitement intactes.

429. Quatre hors-d'œuvre, blanc à filets d'or, de forme contournée, ancien Sèvres pâte tendre, parfait état.

430. Un encrier en faïence ancienne.

431. Une coupe en porcelaine de Sèvres du diamètre de 23 cent. et de hauteur 17 cent. ; l'intérieur, à fond blanc, est orné d'une couronne de fleurs peinte par Schilte ; l'extérieur, bleu foncé, est décoré d'un ornement d'or délicatement exprimé ; le pied est formé d'un groupe de trois dauphins dorés. Au fond de la coupe se trouve écrit le don fait par M. Brongniart, ancien directeur de Sèvres, à Feuchère.

432. Une salière, forme contournée, fond blanc à fleurs, ancien Sèvres, pâte tendre.

VERRERIE.

433. Quatorze verres à pied, d'ancienne fabrique, très-fins.

434. Un lot de trois pièces : plateau, aiguière, burette.

435. Deux coupes, verre de Venise, pieds ornés ; la fabrication est du meilleur temps.

436. Un verre peint et burette, et un couvercle de calice.

437. Cristal de roche : un verre en forme de calice, avec son couvercle ; orné des plus fines gravures, d'armes très-compliquées, et de devises en caractères allemands.

MARBRES.

438. Statuette de Moine pleureur (hauteur 40 cent.).

439. Statuette de la Madone avec l'Enfant (hauteur 25 cent., ouvrage du quatorzième siècle).

440. Statuette de Moine liseur (hauteur 20 cent.).

441. Fragment de statuette de Madone (quatorzième siècle)

442. Tête de Bacchus jeune (antique).

443. Tête fragmentée (femme du dix-huitième siècle).

4.

444. Un torse de femme du plus beau style grec, (la figure entière pourrait avoir cinq pieds.)

445. Tête de mort (ivoire).

— Fragment d'ornements (frise élégamment repercée, ivoire).

— Trois petites têtes accolées (ivoire).

446. Tête de Bacchus (marbre), fragmentée.

— Tête d'évêque (pierre), fragmentée.

— Torse de figure impériale (fragment).

TERRES CUITES.

447. Deux terres cuites grecques (hauteur 25 cent.), et un fragment.

448. Seize vases grecs (terres noires et autres) et lampes (quelques-uns fragmentés).

BRONZES ANTIQUES.

449. Lampe sépulcrale à deux becs.

450. Statuette de Cérès (hauteur 24 cent.).

BRONZES INDIENS.

451. Cinq divinités indiennes (de la plus belle fusion, très-intactes; ce lot sera divisé).

VASES ET TERRES CUITES MODERNES.

452. Un modèle de coffret très-orné, par Regnier, de Sèvres.

453. Une bécasse morte, par M. Pascal.

454. Onze vases de formes diverses et très-variées, avec une figurine (ce lot sera divisé).

455. Hercule en repos, attribué au Pujet (fragmenté).

BRONZES MODERNES.

456. Figurine portant un lion (seizième siècle).

457. Hercule étouffant le lion.

458. Hercule-pisseur.

459. Un ours.

460. Le Jaguar de Barye.

461. Serpent et lézard (presse-papier).

462. Figurine (hauteur 23 cent.).

463. Coupe de B. Cellini (belle épreuve).

464. Lampe antique.

465. Statuette de femme (Pradier, hauteur 30 cent.).

466. Un lustre flamand à six lumières.

PEINTURES SUR VÉLIN ENCADRÉES.

467. Deux feuilles d'Antiphonaire (travail italien du quinzième siècle), 52 cent. sur 40 cent. (Ce lot pourra être divisé.)

468. Les Amours de Vénus et Mars. (École de Fontainebleau), 20 cent. sur 13 cent.

469. Sainte Adélaïde, 15 cent. sur 20 cent. (Peinture de M. Steinheil.)

CURIOSITÉS DIVERSES.

470. Un poignard malais et un autre petit poignard.

471. Une épée à garde de fer, ciselée et repercée très-finement.

472. Un éperon de fer, ciselé finement.

473. Coffrets en fer ciselé (quatorzième siècle).

474. Un couteau à tabac, fer ciselé du seizième siècle.

475. Une petite lampe italienne à 4 becs et un chandelier indien.

476. Une assiette en laque chinoise, ancienne; — fleurs et oiseaux (bien conservés).

477. Un estampage sur feuille d'argent (travail italien du seizième siècle). — Une fibule en bronze et un petit diptyque, bronze italien.

478. Un lot de divers objets de toute nature.

479. Une coupe (diamètre 8 cent.), spath-fluor, le pied en rouge antique.

480. Un fond de tabatière en bois agatisé et un couvercle de tabatière en labrador.

481. Un lot de diverses pierres dures, taillées et polies (pourra être divisé).

482. Une calotte grecque brodée en or fin.

483. Deux paires de babouches chinoises.

484. Une tabatière indienne, cuivre ciselé et doré.

485. Un fusil de chasse à 2 coups.

486. Deux paires de pistolets (modernes).

487. Un microscope monté et garni de toutes ses pièces.

488. Un niveau, une longue-vue, un miroir noir et une loupe montée à main.

489. Une nappe en guipure.

490. Un Christ sculpté en poirier et dans son cadre, de l'époque de Louis XIV.

491. Deux cadres en bois sculpté et doré, riche (50 centim. sur 43 cent.).

492. Deux cadres en bois sculpté (30 cent. sur 25 cent.).

493. Un cadre découpé finement (50 cent. sur 28 cent.).

494. Un cadre, bois noir sculpté (44 cent. sur 35 cent.).

495. Un cadre, bois noir sculpté (60 cent. sur 44. cent.).

496. Trois volumes, format grand aigle, papier blanc pour placer des estampes.

497. Deux cadres, bois noir sculpté (26 cent. sur 17 cent.).

498. Miroir, cadre en bois noir (80 cent. sur 73 cent.). — glace à biseau (50 cent. sur 42 cent.).

499. Trois petits cadres, bois sculpté très-finement.

500. Un cadre sculpté, bois chène noir (54 cent. sur 42 cent.).

501. Un cadre sculpté, bois noir (41 cent. sur 28 cent.).

502. Un cadre bois noir sculpté (31 cent. sur 23 cent.).

503. Un costume chinois enfermé dans sa boîte.

504. Quatre lés de soierie chinoise richement brodée en or.

505. Trois grands morceaux de soierie chinoise brodée.

506. Un chapeau cochinchinois, en palmier, très-orné.

VITRAUX.

507. Six vitraux suisses, italiens et autres. — Ce lot sera divisé.

LIVRES.

508. Architecture de Vitruve, mis de latin en françois, par Jan Martin; Paris, 1572, Hiérosm. de Marnef, in-f° veau.

509. La Métamorphose d'Ovide figurée ; Lyon, Jean de Dournes, 1557, petit in-4° veau.

510. I Mondi del Doni ; Venise, Marcolini, 1557.

511. Augustarium imagines d'Eneas Vicus, Venise, 1558, in-4° vélin.

512. 1° Historiarum Veteris Testamenti Icones ; Lugduni, fratres Trechsel, 1539, in-4° ancien.

2° Les simulachres et historiées faces de la mort; Lyon, 1538, frères Trechsel, in-4°. Manquent les deux derniers feuillets du texte des simulacres, plusieurs figures sont remontées.

Ces deux ouvrages, réunis dans un même volume, sont rares à trouver. — Reliure en chagrin noir.

513. Alberti Dureri pictoris Institutionum geometricarum lib. IV; Parisiis, Wechel, 1535.

514. Songe de Polyphile; Paris, Jacques Kerver; 1561, reliure parchemin.

515. Livre de Pourtraicture de M. Jean Cousin, 1656, Paris, Guill. le Bél.

516. Andreæ Vesalii de humani corporis fabricà, Basileæ, Joh. Oporinus.

517. Navis stultifera de Braud (incomplet).

— Volume de lettres ornées (gravures en bois).

518. Merveilles de Fontainebleau, de P. Ledan; Paris, 1642, Cramoisy Séb. in-f° veau.

519. L'Invocation et l'Imitation des saints, figures de Séb. Leclerc (très-belles épreuves) ; Paris, G. Audean, 1686, 2 vol. in-18 veau.

520. Necessaria ad salutem scientia (fig. en bois); Antuerpiæ, 1654, in-18 veau.

521. Vies des saints, Paris, 1612, Ch. Chastellain, fig. en bois, 2 vol. in-f°.

522. Volumes composés de figures et costumes d'après Salv. Rosa, Séb. Leclerc, etc.

523. Le Paradis du Dante par Pierre Cornelius, Leipzig, vol. oblong.

524. Le Dragon de l'île de Rhodes par Retzsch, 1 vol. obl., Paris, 1829.

525. Ballades et fabliaux ; Lamy Denozan.

526. Studenten Lieder, Leipzig.

527. Heures nouvelles, Curmer, Paris, 1841, fig. d'Overbeck, maroquin vert, tr. dor.

528. Histoire de l'Ancien et du Nouveau Testament, in-8, 586 fig. en bois, Paris, Hérissant, 1771.

529. Anatomie pittoresque de Chaussier, 1820, Paris.

— Planches du Dictionnaire des beaux-arts de l'Encyclopédie méthodique, Paris, 1805.

— OEuvre de Léonard de Vinci, Paris, Jean, in-f°.

— 1 volume de lithographies par Gavarni, Daumier.

530. Le Jardin des Plantes, de Boitard ; Paris, 1842, Dubochet, 2 vol. in-8° demi-veau.

531. La Vérité des miracles de M. de Paris ; Utrecht, 1737, 2 vol. in-4°.

532. Parallèle de l'architecture antique et de la moderne, par M. de Chambray ; Paris, 1702, in-fol.

533. Flaxman, — Reveil ; Audot, 1836 (sujets divers).

— La Divina Commedia (Flaxman) ; Milano, Vallardi.

534. Flaxman : Iliade, — Odyssée, — Eschyle ; Paris, 1803.

535. Antiquités d'Herculanum, gravées par Piroli ; 1805, Paris. Piranesi (le quatrième volume).

— Tortebat, et les Antiques mesurées ; Audran.

— Salon de 1834, d'Alex. Decamps.

— Un volume de l'OEuvre de Rubens (à l'eau-forte).

— Un volume de gravures en bois.

536. Le Magasin Pittoresque, depuis sa création jusqu'à ce jour (relié et très-complet).

OUVRAGES SUR LES ARTS.

537. Histoire de la peinture, de Lanzi; Paris, 1824.

538. Vie de Benvenuto Cellini, traduite par Farjasse; Paris, 1833.

— Lettres du Poussin.

— Vie de Lesueur, par Dargenville; Peintres français, par Ch. Blanc.

— Vies des peintres, par Dangerville (Marseille 1842).

— Catalogue de la galerie du cardinal Fesch.

539. Vie du Poussin, de Gault de Saint-Germain; Paris, Didot, 1806, in-8° demi-veau.

540. De la peinture, par Raimond; 1 vol. in-8°.

— La statue de Marc-Aurèle, par Falconet; in-8°.

— Vies des peintres, par de Piles; 1 vol. in-12.

— Cours de peinture, par de Piles; in-12.

— La Géométrie pratique; Jombert, Paris, fig. de Leclerc.

— Traité de la peinture, par Richardson; in-8°.

— Traité de la peinture, de Diderot.

541. Traité des manières de graver, par Ab. Bosse; Paris, 1645, parchemin.

542. Art de peinture, par de Piles; in-12.

— Beaux-arts réduits à un principe (Le Batteux); 1 vol.

— Monuments français, par Lenoir; 1 vol.

— Essai sur les nielles, Duchesne.

— Catalogue de Mariette, par Bazan.

543. Sept volumes d'ouvrages dépareillés sur les arts.

544. Culte d'Isis; 1 vol. in-12.

— Palais de Scaurus, de Mazois; 1 vol. in-12.

— Cours de blason; in-12.

— Histoire de Notre-Dame de Liesse; in-12.

— Traité des statues par Lemée; in-12.

LITTÉRATURE ET HISTOIRE.

545. Montaigne, Paris, Lefebvre, 1818, 5 vol. in-8° veau, filets.

546. Histoire d'Henry III, Cologne, Marteau, 1663, in-12.

— OEuvres de Voiture, Paris, Courbé, 1660, in-12.

— Prise d'habit à la visitation de Sainte-Marie, Lyon, 1643, vol. in-12 veau.

547. Poëtes français, 6 vol. in-12, Paris, Mesnard et Desenne.

— Énéide de Delille, 4 vol. in-8°, Michaud, 1809.

548. Bibliothèque historique de la France, par Le Long, Paris, 1719, Gab. Martin, 1 vol. in-f°.

— Bible de Sacy, Paris, Guill. Després, 1731, in-f°.

549. Fables de Lavalette, fig. de Granville, Paris, Hetzel, 1851, in-8° demi-veau.

550. Robinson Crusoé, fig. de Granville, Paris, Fournier, 1840, in-8° demi-veau.

551. Notre-Dame de Paris (édition illustrée), Paris, Perrotin, 1844, demi-chagrin noir, in-8°.

552. Scènes de la vie privée des animaux, Paris, Hetzel, 1842. 2 vol. in-8° demi-veau.

553. Roland furieux (édition illustrée), Paris, Mallet, 1844, 1 vol. in-8° demi-veau.

554. Paul et Virginie (édition illustrée), 1838, Curmer, 1 vol. in-8° demi-veau.

555. Contes de Nodier, illustrés par Johannot, Paris, Hetzel, 1846, demi-chagrin noir.

556. OEuvres choisies de Gavarni, Paris, 1846, 1 vol. in-8°.

557. 1 vol., figures des Fables de La Fontaine par Granville.

— 1 vol., figures de Paul et Virginie par Johannot.

— Histoire du roi de Bohême par Ch. Nodier, Paris, Delangle, 1830, 1 vol. in-8.

558. Keepsake religieux, 1 vol.

— Musée universel, 2 vol.

— Musée des familles, 1 vol.

— Monde dramatique, 1 vol.

COQUILLAGES ET MINÉRAUX.

559. Un argonaute argo.

560. Deux nautiles (un flambé).

561. Deux casques.

562. Un hiliode, un murex, un pholade, un ovule des Moluques.

563. Une cythérée épineuse.

564. Une gondole, un cadran, une harpe.

565. Deux bivalves du genre Opis.

566. Un cœur de Junon; une bucarde.

567. Un lot de coquilles et de produits marins.

568. Une grande volute.

569. Un lot considérable de minéraux de toute espèce (pourra être divisé).

570. Un lot de coquilles fossiles, très-belles, intéressantes et bien conservées. (Ce lot pourra être divisé.)

SUPPLÉMENT.

ESTAMPES PAR DIVERS.

DAVEN (Léo)..

571. Le portrait de Michel-Ange dans sa jeunesse, estampe très-rare.

DUCERCEAU.

572. Huit pièces, vases, coupes, panneaux d'ornements, estampes, la plupart très-difficiles à trouver.

573. Dix pièces par le Rosso, sujets d'ornements.

ÉCOLE FRANÇAISE.

574. Sept pièces d'ornements par d'anciens graveurs français.

575. Dix pièces gravures en bois de l'école française par Jean Cousin et autres.

576. Huit pièces par Bouchardy et autres.

577. Quatre pièces par Hollar, Dolendo et autres.

578. Seize vignettes par et d'après Gravelot, Saint-Aubin, Debray, Moreau, Lejeune, etc.

GÉRICAULT.

579. Huit lithographies de chevaux exécutées par lui-même.

580. Neuf pièces lithographiées d'après ses dessins.

581. Sept lithographies d'après Ingres, Léopold Robert, Decamps ; toutes ces lithographies sont rares.

GROS.

582. Les deux seules lithographies exécutées par cet artiste ; belles épreuves.

H. LAVOIGNAT.

583. Dix gravures en bois exécutées sur les dessins de Raffet, épreuves au brunissoire, tirées par l'artiste lui-même ; elles sont uniques.

584. Les Joueurs de dés, gravés d'après les dessins de Meissonnier, deux épreuves d'essai à différents états de la planche ; ces

épreuves sont uniques. — Les Joueurs de cartes, également épreuves d'essai; plus le Louis XI, gravé par de Mare, très-belle épreuve.

585. Illustration complète du roman de *Lazarille de Tormes*, gravé par Lavoignat sur les dessins de Meissonnier, épreuves d'essai; cette réunion est unique : dix pièces.

586. Huit gravures à l'eau-forte par Trimolet, Daubigny; épreuves de choix.

587. Seize pièces à l'eau-forte par Cruikshank, Riester, Jeanron et autres.

MARC-ANTOINE (Raimondi).

588. Étude de femme se tirant une épine du pied, d'après Raphaël.

589. L'estampe intitulée *Cognitio Dei;* très-rare. Bartch, nº 443.

590. La femme pensive. B. nº 460, plus une épreuve, d'après Raphaël, représentant un sujet de l'histoire de Psyché.

PEREGRINI.

591. Deux estampes, dont l'Adoration des rois, nielle, estampe très-rare et très-curieuse; elle est du plus beau style et digne en tout des ouvrages de Peregrini. — Autre petite estampe du même genre représentant la Vierge et l'Enfant Jésus.

PORPORATI.

592. Le Coucher, d'après Vanloo, ancienne et belle épreuve.

RAPHAEL.

593. La Prudence, gravure de l'école de Marc-Antoine, ancienne et belle épreuve.

594. Psyché devant l'assemblée des dieux par le Mantouan, d'après Raphaël, et deux autres estampes de l'ancienne école italienne : trois pièces.

595. Quatre pièces par W. Baur, Fragonard et autres.

596. Neuf pièces par Étienne de Frainu, Michel Lasne et autres.

ROSSO.

597. Six pièces, dont un vase, trois coupes et deux chandeliers, pièces d'orfévrerie, estampes très-belles et très-rares.

598. Cinq miroirs d'après le Rosso, estampes introuvables.

TISSOT (de Saint-Étienne).

599. Vingt et une épreuves de damasquinure sur acier; elles sont uniques.

WATTIER (Émile).

600. Quatre pièces gravées à l'eau-forte par l'artiste lui-même, épreuves de choix; plus trois pièces gravées en bois d'après les dessins de M. Émile Wattier.

ESTAMPES DIVERSES.

601. Treize pièces lithographiées par mademoiselle de Fauveau, Gigoux et autres.

602. Six gravures d'après Overbeck et Steinle.

603. Quarante et une estampes d'antiquités, la plupart par Bouillon.

604. Idem cinquante-cinq pièces.

605. Cinquante-trois feuilles contenant plus de deux cents gravures d'antiquités, costumes, médailles, etc., etc.

606. Cent huit pièces idem.

607. Estampes diverses par Sacredan, Fuseli et autres.

608. Vingt-quatre pièces tirées de la Bible de Robert et de la Cosmographie de Munster.

CATALOGUE

DE

MÉDAILLES

GRECQUES,

ROMAINES, DU MOYEN AGE, ETC.,

DONT LA VENTE AUX ENCHÈRES PUBLIQUES AURA LIEU

PAR SUITE DU DÉCÈS DE M. FEUCHÈRE, STATUAIRE,

HOTEL DES VENTES MOBILIÈRES

(SALLE N° 2),

Rue des Jeûneurs, 42,

Le jeudi 10 mars 1853, à 2 heures.

PAR LE MINISTÈRE DE **M. RIDEL**, COMMISSAIRE-PRISEUR,

335, rue Saint-Honoré,

ASSISTÉ DE **M. RAULIN**, EXPERT, RUE VIVIENNE, 12,

Chez lesquels se distribue ce Catalogue,

AINSI QUE CHEZ :

M. FROMENT-MEURICE, orfévre, faubourg Saint-Honoré, 52 ;
M. WITTOZ, fabricant de bronzes, rue des Filles-du-Calvaire, 10.

EXPOSITION PUBLIQUE

LE LUNDI 7 MARS, DE MIDI A 4 HEURES.

Le même jour, exposition des objets d'art et de curiosité, Bronzes, Modèles, Tableaux, Dessins, Gravures anciennes, dont la vente précédera celle des Médailles.

5

CONDITIONS DE LA VENTE.

Elle sera faite au comptant.

Les acquéreurs payeront, en sus de leurs adjudications, 5 centimes par franc applicables aux frais.

ABRÉVIATIONS.

AR. . . . . Argent.

Æ. . . . . Airain ou bronze.

    (Un numéro placé après désigne le module de la pièce.)

B. . . . . Belle.

T. B. . . . . Très-belle.

R. . . . . Rare.

T. R. . . . . Très-rare.

G. BR. Grand bronze.

M. BR. Moyen bronze.

P. BR. Petit bronze.

La barre (—) placée sur la ligne au-dessous d'un nom tient lieu de ce nom.

MÉDAILLES ANTIQUES.

MÉDAILLES GRECQUES.

GAULE.

1. Tête casquée de femme. Rev. Cheval au galop, pièce de style barbare. AR 6.

2. Nemausus IMP. DIVI. F. Têtes adossées d'Auguste et d'Agrippa. Rev. COL NEM. Crocodile attaché à un palmier. Æ 7.

ITALIE. AS ROMAINS.

3. Tête barbue double, à la manière de Janus. Rev. Proue de navire. ROMA. Br. grand module.

4. Tête de Mercure coiffé du pétase. Rev. Proue. ROMA. Æ. Deux pièces.

5. Tête de femme casquée, quatre globules. Rev. Proue. ROMA et quatre globules. Æ. Deux pièces.

5. Caducée. — As de grand module.

6. ROMA. Tête casquée de Mars imberbe. Rev. Buste de cheval; derrière, Strigile dessous. ROMA. AR 5.

7. Neapolis. Tête de Parthénope à gauche. Rev. le Sébéthus tauriforme couronné par la Victoire. AR 5. Médaille fourrée.

8. Tarentum. Taras, armé d'un trident, sur un Dauphin. Dans le champ chouette. Dessous TAPA. Rev. Cavalier présentant une couronne. AR 5. T. B.

9. — Taras sur un Dauphin tenant un trépied; dans le champ TAPAΣ. Rev. Cavalier présentant une couronne. AR 5 1/2.

10. — Tête de femme jeune à gauche. Rev. Cavalier sous le cheval. ΣA et astre. A l'exergue. ..PAΣ. AR. 3/12. — T. B.

11. — Tête d'Hercule imberbe, coiffé de la peau de lion. Rev. Cavalier. Æ 6.

12. Heraclea? Tête de Minerve, casquée. Rev. Hercule étouffant le lion. AR 2.

13. METAPONTUM. Épi dans le champ. META. Rev. l'Épi en creux. AR. 4 1/12. Rare.

14. Sybaris. — Bœuf qui retourne la tête, à l'exergue YM. Rev. Bœuf qui retourne la tête, en creux. Æ 8.

15. Velia. — Tête de Minerve à casque lauré. Rev. Lion à droite; dans le champ YEΛHTΩN. AR 6.

16. Bruttium. — Tête casquée de Mars, à gauche. Rev. BPETTIΩN. Pallas armée. Æ 7. Deux pièces.

17. — Tête laurée de Jupiter, à droite. Rev. Aigle debout. Æ 5.

18. Rhegium. — Tête de Diane avec croissant; derrière carquois. Rev. PHΓINΩN. Lyre. Æ 6.

19. — Face de lion. Rev. PHΓINΩN. Tête jeune de femme. Æ 5.

20. — Têtes accolées des diotacres; au-dessus astre. Rev. Mercure debout. Æ 3.

SICILE.

21. Sicilia (in genere). — Tête de Cérès voilée, à gauche; dans le champ tête de pavot. Rev. ΣΙΚΕΛΙΩΤΑΝ. Un quadrige. AR 5. Flan épais. Rare.

22. Agrigentum. — Tête jeune de femme, à gauche. Rev. Aigle de mer debout sur un chapiteau; dans le champ crabe, et six points. Æ 7. Deux pièces.

23. Mamertini. — Tête laurée de Mars, à droite. Dans le champ ΑΡΕΟΣ; derrière la tête un javelot. Rev. ΜΑΜΕΡΤΙΝΩΝ. Aigle sur un foudre. Æ 7.

24. Panormus. — Tête de Cérès, à gauche. Rev. Cheval debout. Derrière palmier. Æ. Deux pièces. L'une, module très-grand; l'autre, petit.

25. — Tête de Cérès, à gauche. Rev. Buste de cheval, à droite. Æ 5. Deux pièces.

26. Syracusæ. — ΣΥΡΑΚΟΣΙΟΝ. Tête de femme ornée d'un bandeau et d'un collier de perles; dans le champ, trois dauphins. Rev. Figure conduisant un trige, et Victoire au-dessus. AR. 6. Flan très-épais.

27. — Tête de Minerve avec casque lauré, à gauche, dans le champ ΣΥΡΑ. Rev. au centre, astre. Autour deux dauphins. Æ. 8. Flan très-épais.

28. — Tête laurée d'Apollon, à gauche. Rev. ΣΥΡΑΚ.... Aigle posée sur un foudre. Æ 5.

29. Syracusæ. — ΣΥΡΑΚΟΣΙΩΝ. Tête laurée d'Apollon, à gauche. Rev. Figure conduisant un bige; dessus foudre. Æ 5.

30. — Tête de Cérès, à gauche. Rev. Taureau cornupète; au-dessus, Μ et massue. Æ 4.

31. — Tête de Cérès, à gauche. Rev. Taureau cornupète; dessus et dessous deux dauphins. Æ. 5.

32. — ΖΕΥΣ..... Tête laurée de Jupiter, à droite. Rev. ΣΥΡΑΚΟ... foudre. Æ 6.

TYRANS DE SICILE.

33 et 34. Agathoclès. ΣΩΤΕΙΡΑ. Tête de Diane, à droite. Rev. ΑΓΑΘΟΚΛΕΟΣ ΒΑΣΙΛΕΟΣ. Foudre. Æ 6. Deux pièces.

35. Tête laurée d'Hiéron II, à gauche. Rev. Cavalier en course. Æ 7.

36. Tête de Neptune, à gauche. Rev. Trident et deux dauphins. Æ 4.

THRACE.

37. Tête de Lysimaque, à droite, avec la corne d'Ammon. Rev. ΒΑΣΙΛΕΩΣ ΛΥΣΙΜΑΧΟΥ. Minerve Nicéphore assise, appuyée sur un bouclier. AR 5. T. B.

MACÉDOINE.

38. Philippus II. Tête laurée de Jupiter, à droite. Rev. ΦΙΛΙΠΠΟΥ. Cavalier coiffé du chapeau macédonien, à gauche; dessous foudre. AR 7. B.

39. Tête jeune laurée, à droite. Rev. ΦΙΛΙΠΠΟΥ. Cavalier au galop. Æ 3. Deux pièces.

40. Alexander III. Tête d'Hercule coiffé de sa peau de lion. Rev. ΒΑΣΙΛΕΩΣ ΑΛΕΞΑΝΔΡΟΥ. Jupiter Ætophore. AR. 3.

ACHAIE.

41. Corinthus. — Tête de Minerve, à gauche. Rev. Q. Pégase volant. AR 5. Deux pièces.

EUBÉE.

42. Histiæa. — Tête de bacchante couronnée de lierre. Rev. ΙΣΤΙΑΙΕΩΝ. Femme assise sur la proue d'un navire. AR 3.

CARIE.

43. Rhodus (île). Tête radiée d'Apollon, à droite. Rev. Rose dans un creux. AR 3.

44. — Tête radiée d'Apollon, à droite. Rev. Rose ou fleur du balaustium. Æ 7. B.

SYRIE.

45. Tête barbue contremarquée d'une petite tête. Rev. Jupiter Nicéphore assis. Æ 6.

PHÉNICIE.

46. Sidon. —Tête jeune de femme voilée et tourrelée, à droite. Rev. ΣΙΔΩΝΙΩΝ. Aigle debout posé sur une proue; auprès, une palme. AR 7. T B.

CHYPRE.

47. Salamina. — Mufle de lion. Rev. ..ΘΑΓΟΡΗΣ. Partie antérieure de bœuf; dans le champ ΣΑ et abeille. T. B et T. R.

ÉGYPTE.

48. Médailles des Ptolémées. Tête de Jupiter Ammon diadémée. Rev. ΠΤΟΛΕΜΑΙΟΥ ΒΑΣΙΛΕΟΣ. Aigle sur un foudre. Trois pièces.

49. — Tête de femme, à droite. Rev. ΠΤΟΛΕΜΑΙΟΥ ΒΑΣΙΛΕΟΣ. Aigle sur un foudre. Æ 7. Deux pièces taillées en biseau.

50. Alexandrie. — Claude. Rev. Aigle.

MAURITANIE.

51. Juba I. REX IVBA. Tête diadémée de Juba, à droite; chevelure bouclée, vêtu de la chlamyde et le sceptre sur l'épaule. Rev. Inscription numidique; temple octostyle. AR 4.

ROIS GOTHS.

52. Figure barbue avec couronne à rayons. Rev. TOTILE (541). Dans une couronne de feuillage, en deux lignes. AR 5.

MÉDAILLES ROMAINES.

CONSULAIRES.

53. Tête casquée. — Tête de Minerve et quadrige et une troisième. — Deux têtes accolées. — Rev. Les mêmes en creux; denier dentelé. En tout quatre deniers.

54. Claudia. — Tête de femme; derrière, une lyre. Rev. P. Clodius. M. F. Femme debout entre deux torches. Denier.

55. Vibia. Tête barbue de Pan. Rev. IOVIS AXUR — C. VIBIUS. CFC. N. Jupiter assis. Denier.

56. Tête de Jupiter. Rev. Renommée couronnant un trophée. Dessous, ROMA. Denier.

57. Moyens bronzes consulaires, dont un de la famille Cassia. Deux pièces.

IMPÉRIALES.

58. Julius Cæsar. — Tête laurée et voilée, à droite. CESAR — DICT. PERPETVO. Res. Sepullius macer. Vénus debout tenant une victoire. Denier.

59. Auguste. — Tête radiée d'Auguste. Rev. S. C. Figure assise. Moy. br.

60. Livie ou Julie. — IVSTITIA. Tête de Livie. Rev. S. C. Pièce contremarquée. G. BR.

61. Agrippa. — Tête d'Agrippa avec couronne rostrale. Rev. S. C. Neptune debout. M. BR.

62. Tibère. — Tête laurée. Rev. Femme assise. Denier.

63. — Tête nue et tête laurée, à gauche. Rev. S. C. Deux moy. BR.

64. — Tête laurée, à droite. Rev. Autel de Lyon. (Pièce contremarquée).

65. Drusus jeune. DRVSVS CÆSAR TI. AVG. F. DIVI. AVG. N. PONT. TR. P. II. — Dans le champ S. C. Caducée entre deux cornes d'abondance surmontées des têtes de ses enfants. G. BR.

66. — Tête nue à gauche. Rev. Dans le champ. S. C. M. BR.

67. Antonia. — ANTONIA AVGVSTA. Tête d'Antonia. Rev. S. C. Figure debout. M. BR.

68. Germanicus. — Tête nue à gauche. M. BR.

69. Agrippine mère. — AGRIPPINA. M. F. GERMANICI CÆSARIS. Tête nue d'Agrippine Rev. S. P. Q. R. MEMORIÆ AGRIPPINÆ. Carpentum traîné par deux mules. Pièce antique, depuis fortement dorée.

70. Caius (Caligula). — Tête nue à gauche. Rev. VESTA. Vesta assise. Deux M. BR.

71. — Tête à droite. R. Tête de Germanicus.

72. Claude. — TI. CLAVDIVS. CÆSAR. AVG. P. M. TR. P. IMP. Tête laurée de Claude. Rev. SPES AVGVSTA. Figure debout tenant une fleur. Dessous, S. C. — G. B. B.

73. — Tête à gauche. Rev. S. C. Pallas combattant. M. BR.

74. Agrippine jeune. — NERO. CLAVD. DIVI. F. CÆS. AVG. GERM. IMP. TR. P. COS. II. Têtes accolées d'Agrippine et de Néron. Rev. L'empereur et l'impératrice dans un char traîné par quatre éléphants. Dans le champ EX. S. C. Très-beau denier et fort rare.

75. Néron. — NERO. CÆSAR. AVGVSTVS. Tête laurée de

Néron. Rev. Rome Nicéphore assise. Dessous ROMA. Denier. T. B.

76. — Tête laurée à droite. Rev. S. C. POR. OST. Le port d'Ostie avec des navires. G. BR. — B.

77. — Rev. S. C. Temple fermé de Janus. G. BR. B.

78. — Rev. S. C. Rome Nicéphore assise sur des armes. Dessous, ROMA. — G. BR.

79. — Rev. S. C. Deux cavaliers. Dessous DECVRSIO. — G. BR. B.

80. — Rev. Apollon citharide. T. B. — Autre, Victoire passant. — Autre, Temple de Janus. Trois M. BR. — Petit bronze avec table au revers.

81. Galba. — Tête laurée. Denier d'argent. — Autre, tête nue. Rev. Vesta assise. — M. BR.

82. Othon. — IMP. OTHO. CÆSAR. AVG. TR. P. Tête nue d'Othon. Rev. PONT. MAX. Figure debout tenant une balance. Denier. B. et R.

83. Vitellius. — Tête laurée, à droite. Rev. XV. VIR. SACR. FAC. Trépied avec un oiseau et un dauphin. Denier.

84. Vitellius. A. VITELLIVS. GERMANICVS. IMP. AVG. P. M. TR. P. Tête laurée à droite. Rev. HONOS ET VIRTVS. Deux figures debout. G. BR. R.

85. Vespasien. Tête laurée à droite. Rev. Figure debout. Denier.

86. — Rev. S. C. Figure debout relevant le pan de sa robe. — G. BR.

87. — Rev. S. C. Aigle sur un globe. — M. BR. R.

88. Domitien. Tête laurée à droite. Rev. Pallas combattant. — Denier. B.

89. — Rev. Jupiter assis, tenant la haste. Dessous S. C. — G. BR.

90. — Rev. VIRTVTI AVGVSTI. Figure militaire debout. — Autre : Pallas combattant. Deux M. BR. — B.

91. Nerva. Tête laurée, à droite. Rev. CONCORDIA EXERCI-TVVM. Deux mains jointes. Denier.

92. — Tête radiée, à droite. Rev. FORTVNA AVGVST. Figure debout. M. BR.

93. Trajan. — Tête laurée, à droite. Rev. La Dacie enchaînée sous un amas d'armes. Dessous, DAC. CAP. Denier. B.

94. — Rev. Victoire érigeant un trophée. T. B. — Autre : Vic-

toire couronnant l'empereur. — Autre : L'empereur à cheval renversant un ennemi. — Trois G. BR.

95. — Rev. L'Abondance debout. — Autre : Rev. Bouclier. — Deux M. BR.

96. Hadrien. Tête laurée, à droite. Rev. Instruments de sacrifice. Denier.

97. — Rev. Neptune debout, le pied sur une proue, et tenant l'acrostolium. — Autre : Rome Nicéphore assise sur des armes. — Autre : Figure assise tenant la haste. — Trois G. BR. Plus un M. BR.

98. Sabine. SABINA AVGVSTA HADRIANI AVG. P. P. Tête diadémée, à droite. Rev. La Concorde debout. — Autre : Vesta assise tenant la haste. — Deux G. BR.

99. — Tête diadémée, à droite. Rev. Cérès tenant une torche et des épis. — Autre : Figure assise tenant la haste. Deux M. BR.

100. Ælius Cæsar. — ÆLIVS CÆSAR. Tête nue, à droite. Rev. Figure debout. M. BR.

101. Antonin. ANTONINVS. AVG. PIVS. P. P. TR. P. COS. IIII. Tête laurée, à droite. Rev. S. C. Rome Nicéphore assise. — Autre : Rev. Figure debout. — G. BR. Deux pièces. — Autre : Rev. Éléphant. — M. BR.

102. Faustine mère. DIVA AVGVSTA FAVSTINA. Tête voilée. Rev. Char traîné par deux éléphants. A l'exergue. EX. S. C.—R.

103. — Tête voilée. Rev. Figure debout. G. BR. — Plus deux M. BR.

104. Marc-Aurèle. Tête laurée, à droite. Rev. Pallas debout. — Denier.

105. — M. ANTONINVS. AVG. TR. P. XXIII. Tête laurée, à droite. Rev. Hygiée debout près d'un autel. G. BR. T. B. — Deux autres grands bronzes. Rev. La Fortune assise.

106. — Tête nue de Marc-Aurèle, à gauche. Rev. Instruments de sacrifice. — M. BR. — T. B.

107. — Rev. L'empereur et Vénus se donnant la main. M. BR.

108. Faustine jeune. FAVSTINA AVGVSTA. Tête à droite. Rev. Figure debout. Deux G. BR.

109. — DIVA FAVSTINA PIA. Tête à droite. Rev. Autel. — Figure assise. Deux G. BR.

110. — Deux moyens bronzes.

111. Lucius Verus. VERVS AVG. ARMENIACVS. Tête nue, à

droite. Rev. Soldat debout s'appuyant sur son bouclier. — Denier. T. B.

112. — IMP. CAES. L. AVREL. VERUS AVG. Tête nue, à droite. Rev. Vénus et Marc-Aurèle se donnant la main. — G. BR. B.

113. Lucille. Tête à droite. Rev. Figure assise. G. BR. — Autre : LVCILLA AVGVSTA. Tête à droite. Rev. S. C. VENVS. Figure assise. M. BR. avec patine.

114. Commode. Tête à droite de Commode coiffée d'une dépouille de lion. Rev. Arc, carquois. Au milieu, massue. —G. BR.

115. — Tête laurée, à droite. Rev. S. C. Pallas combattant. G. BR.

116. — Tête jeune de Commode. Rev. S. C. Figure debout, près de laquelle est un enfant. G. BR. Plus trois autres G. BR.

117. Crispine. — CRISPINA AVGVSTA. Tête à droite. Rev. Deux mains jointes. Denier.

118. Septime-Sévère. Tête laurée à dr. Rev. Hygiée assise, ayant près d'elle un serpent. Denier.

119. — L. SEPT. SEV. PERT. AVG. IMP. V. Rev. Pallas debout, portant la haste et le bouclier. G. BR. B.

120. Julia Domna. — IVLIA DOMNA AVG. Tête à dr. Rev. VESTA. Vesta assise. G. BR.

120 *bis*. — Rev. MAT. AVGG. MAT SEN. M PATR... moy Br. — Autre... P. BR.

121. Caracalla. — ANTONINVS PIVS AVG. GERM. Tête radiée à dr. Rev. Galère. Denier B.

122. — M. AVREL. ANTONINVS PIVS AVG.... Rev. La Providence debout; à ses pieds un globe. G. BR. T. B.

122 *bis*. — Rev. Victoire. M. BR. — Autre. — M. BR.

123. — Plautilla. Tête à droite. Rev. VENVS VICTRIX. — Denier.

124. Géta. — P. SEPT. GETA. CAES. PONT. Tête imberbe. Rev. PRINC. IVVENTVTIS. Géta près d'un trophée. Denier.

125. — Tête laurée à dr. Rev. Victoire assise sur un trophée d'armes, écrivant sur un bouclier; dessous SC. — R.

126. Alexandre-Sévère. IMP. ALEXANDER. PIVS. AVG. Rev. MARS VLTOR. Mars combattant. —G. BR. —Autre. — 2 pièces.

127. Julia Mamæa. IVLIA AVGVSTA. Tête à dr. Rev. PIETAS AVGG. Fig. debout sacrifiant sur un autel. — Denier.

128. — IVLIA MAMAEA AVGVSTA. Tête diadémée à droite. Rev. Femme debout appuyée sur une colonne. — G. BR.

129. Maximin Ier. MAXIMINVS. PIVS. AVG. GERM. Tête laurée, à dr. Rev. Hygiée assise tendant une patère à un serpent. — Autre : Fig. debout. — Deux G. BR.

130. Pauline. DIVA PAVLINA. Tête voilée à dr. Rev. CONSE-CRATIO. L'impératrice enlevée au ciel par un paon. T. R.

131. Maxime. MAXIMVS. CAES. GERM. Tête nue à dr. Rev. PIETAS AVGG. Instrument de sacrifice ; dessous : S C. — T. B. et R.

132. Balbin. IMP. CAES. D. CAEL. BALDINVS. AVG. Tête radiée. Rev. PIETAS MVTVA AVGG. Deux mains jointes. — Denier.

133. — Tête laurée à dr. Rev. CONCORDIA AVGG. Fig. assise. — G BR. R.

134. Pupien. — IMP. CAES. M. CLOD. PVPIENVS. AVG. Tête laurée à dr. Rev. PAX PVBLICA. G. BR. T. B. et R.

135. — Tête radiée à droite. Rev. Deux mains jointes. Denier.

136. Gordien III. — IMP. GORDIANVS. PIVS. FEL. AVG. Tête laurée à dr. Rev. L'empereur tenant la haste et un globe. — G. BR.

137. — IMP. CAES. M. ANT. GORDIANVS. AVG. Tête radiée. Rev. CONCORDIA. Fig. assise. Denier.

138. Philippe père. Tête radiée. — Denier.

139. IMP. M. IVL. PHILIPPVS. AVG. Tête laurée à dr. Rev. Victoire passant, portant une palme et une couronne. — G. BR. B.

140. — Rev. ADVENTVS. AVGG. L'empereur à cheval. — G. BR.

141. Otacilia-Severa. — MARCIA OTACILIA SEVERA AVG. Tête à dr. Rev. SAECVLARES AVGG. Hippopotame ; dessous : SC. — G. BR. — R.

141 bis. — Rev. CONCORDIA AVG. — G. BR.

142. Philippe le fils. M. IVL. PHILIPPVS CAES. Tête nue à dr. Rev. PRINCIPI. INVENT. L'empereur debout tenant un globe et la haste. — G. BR.

143. — IMP. M. IVL. PHILIPPVS CAES. Rev. LIBERALITAS AVGG. III. Philippe le père et son fils assis. — R.

144. Trajan Dèce. IMP. C. M. Q. TRAIANVS. DECIVS. AVG. Rev. FELICITAS SAECVLI. La félicité debout. — G. BR.

145. Étruscille. — HER. ETRVSCILLA. AVG. Tète à dr. ; dessous un croissant. Rev. PVDICITIA AVG. Figure assise. — Denier.

146. Volusien. — IMP. CAE. C. VIB. VOLVSIANO. AVG. Rev. Fig. debout tenant la haste. G. BR. — R.

147. Cornelia Supera. — CORNELIA SVPERA AVG. Tète diadémée à dr. ; dessous croissant. Rev. CONCORDIA. Fig. assise tenant la haste et une patère. Denier d'argent. — T. R.

148. Postume. — Rev. FIDES MILITVM. Fig. entre deux enseignes. G. BR. — Deux autres pièces, dont un petit bronze avec tête au revers.

Plusieurs petits bronzes très-beaux, ci-après :

149. Claude le Gothique. — Tète radiée. Rev. VICTORIA AVGG. Denier de billon.

150. Aurélien. Tète radiée. P. BR.

151. Severina. P. BR.

152. Tacite. Rev. TEMPORVM FELICITAS... P. BR.

153. Probus. Tète radiée. P. BR.

154. Numérien. Tète radiée. P. BR.

155. Dioclétien. Tète à casque radié. P. BR.

156. Maximien. Tète laurée. Deux M. BR.

157. Maxence. M. BR.

158. Licinius. P. BR.

159. Constantin Ier. P. BR.

160. Crispus. P. BR.

161. VRBS ROMA. Tète casquée. Rev. la louve et ses deux nourrissons. — Deux P. BR.

162. Monnaies byzantines. — Deux G. BR. Plus deux P. B.

MONNAIES MODERNES.

FRANÇAISES.

163. Dizains et deux pièces étrangères.

164. Liards tournois de Henry III, Henry IV, Louis XIII.

165. Sol de 1791. — Plus deux liards, 1788.

166. Pièce de la caisse de Bonnefoy.

167. Pièce 2 sols aux balances. R.

168. Cinq centimes de l'an VIII. — Cinq centimes de l'an IV.

169. Pièce de 2 sols, la nation, la loi, le roi. 1792. — Pièce de 12 deniers. 1791.

170. Sol des colonies françaises, contre-marqué R. F.

171. Napoléon, roi d'Italie, 3 centimes. — Jérôme Napoléon, 20 centimes.

172. Charles X, 10 centimes et 5 centimes, pour les colonies.

173. Louis-Philippe, 10 centimes et 5 centimes, pour les colonies.

174. Douze jetons.

175. Monneron de 5 sols. — Monneron de 2 sols.

176. Cinq décimes de l'an II. (Pièce dite du 10 août.)

ÉTRANGÈRES.

177. Victoria; deux pièces de cuivre, et une très-petite d'argent.

178. Murat; 3 grana. — Isabelle II. — Honoré, prince de Monaco; cuivre.

179. Sol des États-Unis. — Sol de Sainte-Hélène.

180. Trois belles monnaies turques d'argent, avec caractères arabes, et Tougra.

181. Vingt-cinq centimes de Genève. — Pièce de Chine, dont le milieu est évidé.

182. Sept médailles, à l'occasion des événements politiques de ces dernières années.

183. Six boutons de l'époque de 92, avec devises du temps.

MÉDAILLONS MODERNES
EN CUIVRE ET EN PLOMB.

FRANÇAIS.

184. François, duc de Valois, comte d'Angolesme. Rev. Une salamandre, et la date : MCCCCCIIII.

185. Henri II. Le roi, debout, tient d'une main un caducée et un arc, et de l'autre une épée; deux figures suspendues posent une couronne sur sa tête. Légende : ET PACE ET BELLO ARMA MOVET. Rev. Bonnet entre deux épées; au-dessus : LIBERTAS; dessous : VINDEX ITALICÆ ET GERMANICÆ LIBERTATIS.

186. Henri III. Légende : (Henri III, de ce nom, roy de France et de Pol., autheur et souverain de l'ordre des chevaliers du Saint-Esprit). Très-beau et très-grand médaillon de cuivre, sans revers, pour l'institution de l'ordre du Saint-Esprit. Le roi, ayant près de lui deux chevaliers de l'ordre, reçoit un chevalier qui prête serment. Date : 1579.

187. Henri IV; bustes accolés d'Henri IV et de Marie de Médicis. Rev. Le roi et la reine se donnant la main. Légende : PROPAGO IMPERI. Médaillon de G. Dupré, 1603 (belle conservation).

188. Louis XIII. Très-joli médaillon oblong de Louis XIII enfant. Rev. Louis XIII tenant un globe; près de lui, la reine sous les traits de Minerve, 1610. — Médaillon de G. Dupré.

189. A. Ruzé, marquis d'Effiat et de Lonjumeau, surintendant des finances. Rev. Hercule prend sur ses épaules le fardeau d'Atlas. Légende : QVIDQVID EST IVSSVM LEVE EST. Médaillon de G. Dupré (belle conservation).

190. Louis XIV. Le roi, revêtu de son armure et d'un casque qui a pour cimier Apollon conduisant un char; plusieurs médaillons des princes et princesses de sa famille ornent le casque et l'armure. — Plaque oblongue (belle conservation).

191. Turenne. Buste lauré. Rev. Trois figures. Légende : VIRTVS HONOS ÆQVITAS.

192. Hugues André, seigneur de Fromente. Médaillon en plomb, par Bidav, 1658.

193. Médaille dont le métal provient des chaînes de la Bastille. — Éditée par Pilloy.

ÉTRANGERS.

194. Médaillon en métal composé; sur un cippe, est écrit : OPVS PISANI PICTORIS. MCCCCXLVII.

195. Malatesta Novellus, CESENÆ DOMINVS; buste à gauche de Malatesta. Rev. Le Christ sur la croix; un chevalier, descendu de son cheval, embrasse ses pieds. Légende : OPVS PISANI PICTORIS. Médaillon italien — Rare.

196. Hippolyte de Gonzague; buste à gauche. Rev. PAR UBIQVE POTESTAS. Hippolyte de Gonzague sous les attributs de Diane. — Médaillon italien par Léon d'Arezzo.

197. Albertus com. palat. Rhen... Rev. Un écusson. Légende : DEVS NOBISCVM QVI CONTRA NOS.

198. Titianus pictor.

199. Médaille de la suite des papes.

200. Joannes Bentivolus II Bononiensis.

201. Médaille satirique des papes.

202. Faustine mère. Grand médaillon sans revers.

SUJETS.

203. Jésus-Christ portant sa croix. EGO SVM VIA ET VERI-TAS. Rev. Sujet de la Nativité. Médaillon doré.

204. David vient de renverser Goliath avec sa fronde.

205. Très-grande plaque de cuivre, le Christ déposé dans le tombeau. Composition de beaucoup de figures.

206. La Vierge debout sur son trône tenant dans ses bras l'enfant Jésus. — Très-jolie plaque avec bélière. — Autre sujet du même genre.

207. Jésus trahi par Judas dans le jardin des Oliviers ; plaque de cuivre de forme échancrée.

208. Sujet allégorique ; plaque de cuivre.

209. La Justice assise ; médaillon.

210. Renommée près d'un palmier ; devant elle une figure de l'Amour.

211. Amour endormi près d'un cippe.

212. Les trois Grâces ; médaillon en plomb.

213. Repoussé en cuivre ; tête de femme et d'enfant d'après Albert Durer, dont le monogramme se voit dans le champ.

214. Pièce de fer ciselé.

215. Deux plombs ayant servi de sceaux pour des bulles.

---

216. Quatre médailles des Padouans.

217. Six médailles modernes : Cortot, Bonaparte, Henri V, le roi de Rome, Louis-Philippe.

218. Trois médailles en plomb.

219. La tête de la République par M. Barre père (pièce de 5 francs).

220. Petite médaille d'argent de Louis XVIII. Au revers Henri IV.

221. Un lot d'empreintes de médailles antiques en plomb et métal composé.

222. Un lot d'empreintes de médailles antiques en soufre et
en plâtre.

223. Deux très-grands médaillons encadrés, dont un, la coupe
de Benvenuto Cellini. — Plus, grande médaille : les trois Arts
réunis. (Ce numéro sera divisé.)

224. Très-joli petit médaillier de forme carrée, à volets, en
bois d'ébène, très-artistement exécuté ; avec anses de cuivre sur
les côtés, secret pour maintenir les volets fermés ; muni de ses
tiroirs et cartons, et un dernier tiroir, dans le bas, plus profond.

PARIS. — TYPOGRAPHIE PLON FRÈRES, IMPRIMEURS DE L'EMPEREUR,
Rue de Vaugirard , 36.

PARIS. TYPOGRAPHIE PLON FRÈRES, IMPRIMEURS DE L'EMPEREUR, RUE DE VAUGIRARD, 36.